Recevoir l'onction

DAG HEWARD-MILLS

Parchment House

Sauf indication contraire, toutes les citations bibliques sont tirées de la version Louis Segond de la Bible (1910).

Traduction libre d'un extrait de *A Passion for the Gospel* de Colin Whittaker, utilisé avec la permission de Kingsway Publications, Lottbridge Drove, Eastbourne, BN23 6NT
Extrait tiré de *Comprendre l'onction* de Kenneth Hagin, Éditions Bethesda, France.
Traduction libre d'un extrait de *All Things are Possible* de David Edwin Harrell Junior, utilisé avec la permission de l'Indiana University Press.
Traduction libre d'un extrait de *Release of Power de* l'évêque David A. Oyedepo,utilisé avec la permission de Dominion Publishing House.
Traduction libre d'un extrait de *Tragedy Trauma Triumph* – Why ? de T. L. Osborne, utilisé avec permission.

Titre original : Catch the Anointing
Publié pour la première fois en 2000
Version française publié pour la première fois en 2009
Par : Lux Verbi.BM (Pty) Ltd.

Traduit par : Arlette Mbarga

Quatrième impression en 2015 par Parchment House

Pour savoir plus sur Dag Heward-Mills
Campagne Jésus qui guérit
Écrivez à : evangelist@daghewardmills.org
Site web : www.daghewardmills.org
Facebook : Dag Heward-Mills
Twitter : @EvangelistDag

ISBN : 978-9988-8550-8-6

Dédicace
Je dédie ce livre à
L'Archevêque Nicholas Duncan Williams.
Merci d'avoir ouvert la voie à l'Église du Ghana.

Table des matières

Chapitre 1

Vous devez être oint

Je n'ai reçu aucune formation particulière pour le ministère. Je n'ai été dans aucune école biblique et j'ai été très peu en contact avec de grands hommes de Dieu (j'ai également fait l'objet de nombreuses critiques.) Certains des hommes de Dieu que j'ai rencontrés ont fini par s'opposer à ma vocation et à la combattre. Je n'ai pas eu d'autre choix que de puiser dans l'onction qui reposait sur d'autres hommes de Dieu plus éloignés de moi. J'ai été obligé de recevoir l'onction à travers les cassettes et les livres.

J'ai la conviction que c'est l'onction du Saint-Esprit qui me permet d'occuper la fonction qui est la mienne dans le ministère. Les preuves qui m'entourent sont trop nombreuses pour que je puisse douter de la réalité de l'onction qui repose sur ma vie. Je suis également convaincu que les progrès

techniques et électroniques de ce monde bénéficient au Royaume de Dieu et au ministère. La technologie de ce monde peut vous aider à vous rapprocher de ceux qui sont oints.

C'est d'onction dont vous avez besoin

Quand Dieu vous envoie un de ses hommes, c'est pour vous une occasion de le recevoir, ainsi que l'onction qui repose sur sa vie. L'onction est cette chose essentielle dont vous et moi avons besoin pour faire l'œuvre de Dieu. Le prophète Zacharie savait que la chose la plus importante était l'onction. C'est lui qui a dit : « Ce n'est ni par la puissance ni par la force, mais c'est par mon esprit », dans Zacharie 4 : 6.

Élisée s'était lui aussi rendu compte que c'était l'onction qui permettait à Élie de réussir dans le ministère. Quand l'occasion se présenta, il demanda l'onction. Certaines personnes auraient pu demander l'argent, l'instruction ou les qualifications d'Élie. *Élisée lui, ne voulait que l'onction !*

> **...Élie dit à Élisée : demande ce que tu veux que je fasse pour toi, avant que je sois enlevé d'avec toi. Élisée répondit : qu'il y ait sur moi, je te prie, une double portion de ton esprit !**
>
> **2 Rois 2 : 9**

Dans ce chapitre, j'aimerais vous parler d'un *canal* d'onction dont on ne parle pas souvent. C'est peut-être quelque chose de nouveau pour vous, mais c'est une réalité. Si vous avez un quelconque moyen de recevoir l'onction, je vous en prie, faites-le ! Je ne dis pas que c'est l'unique moyen qu'utilise Dieu pour vous oindre. Je vous fais part de ce que j'ai reçu du Seigneur. Je vous fais part de quelque chose de conforme à la Bible et aux Écritures.

Beaucoup de personnes ont reçu l'onction en écoutant des cassettes et en lisant des livres et ne comprennent pas ce qui leur est arrivé. **Beaucoup de ceux qui ont reçu l'onction par ce canal ne peuvent pas l'enseigner, car ils ne comprennent pas pleinement.** Je crois qu'il est de mon devoir d'enseigner cette méthode simple mais réelle de réception de l'ingrédient le plus important du ministère, à savoir *l'onction.*

Chapitre 2

Entretenir des rapports avec de grands hommes de Dieu

Dans un autre livre (voir mon livre *La méga église*), j'ai parlé de la nécessité d'avoir des liens étroits avec un homme de Dieu pour pouvoir recevoir l'onction. Pourquoi faut-il être proche des hommes oints de Dieu ? Qu'apporte exactement le fait d'être proche d'eux ? Étant proche d'un homme de Dieu, vous l'entendrez parler et reparler. C'est dans ses paroles que se trouve l'onction. Étant proche d'Élie, Élisée l'entendait parler encore et encore.

Comme ils CONTINUAIENT À MARCHER EN PARLANT...

2 Rois 2 : 11

Il y a de la puissance dans les paroles !

Jésus a dit à ses disciples que Ses paroles contenaient des choses importantes. Elles contenaient la vie et l'Esprit. Qu'est-ce que l'Esprit ? L'Esprit, c'est l'onction ! Les Écritures disent que Dieu oignit Jésus de Nazareth de Saint-Esprit et de force (Actes 10 : 38). Jésus était oint de Saint-Esprit. Par conséquent, le Saint-Esprit est l'onction (la substance dont Il fut oint.)

...Les paroles que je vous ai dites sont esprit et vie.

Jean 6 : 63

Pour beaucoup de personnes, la proximité dont on parle n'est possible qu'à travers les livres et les cassettes. Les livres et les cassettes contiennent les paroles d'hommes oints de Dieu. Les paroles des hommes oints de Dieu contiennent l'Esprit et la vie.

« S'imprégner » de livres écrits par des hommes oints est une manière très appréciable de communier avec eux. Le temps passé à lire un livre est du temps passé à communier avec son auteur. Quel privilège immense que de pouvoir échanger avec quelqu'un pendant trois heures dans l'intimité de votre maison.

En lisant le présent ouvrage, vous communiez avec moi et je communie avec vous. En écrivant ce livre, j'ai le sentiment de parler à certaines personnes. Je parle directement à tous ceux qui prendront le temps de recevoir. Comme Élisée a écouté les paroles d'Élie et les disciples ont écouté les paroles de Jésus, vous écoutez mes paroles en lisant ce livre ! C'est parce que les disciples écoutaient les paroles de Jésus qu'ils ont été oints.

Vous pouvez être avec Jésus aujourd'hui en lisant Ses paroles dans la Bible. Cela me surprend toujours de voir le nombre de ministres qui ne lisent pas la Bible. Ils ne s'en servent que pour prêcher. La Parole de Dieu sert avant tout à vous faire du bien.

Vous ne serez pas un ministre consistant si vous n'avez pas des moments de communion personnelle avec le Seigneur. Je ne parle pas de jeter rapidement un coup d'œil dans la Bible juste avant de prêcher. Un rapide coup d'œil est différent d'une communion avec quelqu'un à travers les Écritures.

Communiez avec Jésus chaque jour. Dieu veut échanger avec vous. Il veut communier avec vous. Depuis l'époque d'Adam, Dieu a toujours désiré communier avec l'homme.

Lorsque Moïse descendit de la montagne après avoir communié avec le Seigneur, la gloire du Seigneur descendit sur lui. La gloire du Seigneur descendra sur vous lorsque vous aurez communié avec Dieu.

À ma naissance, je me suis retrouvé au Ghana (Afrique de l'Ouest). J'ai réalisé que j'étais très éloigné des grands hommes de Dieu d'Amérique. Je voulais désespérément communier avec eux, mais je n'avais aucun moyen de le faire. Je n'avais même pas de visa pour l'Amérique. Je n'avais pas d'argent pour m'acheter un billet d'avion. Et même si j'avais pu m'y rendre, beaucoup m'auraient pris pour un Noir fou qui les approchait d'un peu trop près ! Ils auraient fait appel à leurs gardes du corps pour se protéger de moi. Dieu me montra alors un moyen de communier avec quelques-uns des grands hommes oints de cette génération : lire leurs livres et écouter leurs cassettes !

J'ai communié avec beaucoup de personnes à travers leurs livres. J'ai appris à connaître leur manière de penser à travers leurs livres. J'ai échangé avec le Seigneur Jésus en lisant la Bible et en étudiant ses paroles et ses actions.

Les Évangiles sont l'une des parties que je préfère dans la Bible. Dans les Évangiles (Matthieu, Marc, Luc et Jean), je peux voir ce que Jésus a dit et l'entendre me parler personnellement.

L'onction pousse les gens à vous remarquer.

...et ils les reconnurent pour avoir été avec Jésus.

Actes 4 :13

Deux types de récepteurs

Il existe deux types de personnes qui reçoivent l'onction : celles qui sont physiquement proches et celles qui sont physiquement éloignées. Vous savez, certaines personnes ont la possibilité d'être physiquement proches du récipient oint. Les apôtres Pierre, Jacques et Jean étaient physiquement proches du Seigneur. Ils le touchaient, le tenaient et dînaient même avec lui. Voici leur témoignage :

Ce qui était dès le commencement, ce que nous avons ENTENDU, ce que nous avons VU de nos yeux, ce que nous avons contemplé et que nos mains ONT TOUCHÉ...

1 Jean 1 : 1

Paul n'eut malheureusement pas la chance d'être physiquement proche de Christ et d'échanger avec lui comme ce fut le cas pour d'autres apôtres. Comme moi, Paul dût s'en remettre à des livres ! Il aimait ses livres. C'est pourquoi il envoya d'urgence chercher ses livres et ses parchemins (livrets). Il devait étudier et communier avec le Seigneur et d'autres grands hommes de Dieu tels qu' Ésaïe à travers les Écritures.

Quand tu viendras, apporte le manteau que j'ai laissé à Troas chez Carpus, ET LES LIVRES, SURTOUT LES PARCHEMINS.

2 Timothée 4 : 13

Si Paul avait vécu à notre époque, il se serait servi de tous les moyens technologiques disponibles pour recevoir plus de Parole et d'onction. Paul aurait écouté des cassettes audio et regardé des vidéos. **Les livres contiennent les écrits, mais les cassettes contiennent les paroles.** Vous pouvez recevoir l'onction par les paroles.

Chapitre 3

L'art de s'imprégner du contenu de cassettes

La pratique de « s'imprégner » du contenu de cassettes est une pratique conforme aux Écritures. Cela signifie simplement que vous écoutez et réécoutez les paroles jusqu'à ce qu'elles fassent partie de vous et que l'onction vous soit transmise ! Une fois le contenu d'une cassette entièrement « *absorbé* », votre esprit s'imprègne de la Parole et de l'Esprit. **L'onction ne s'apprend pas, elle se reçoit.**

N'en déduisez pas qu '« absorber » une cassette n'est qu'un exercice éducationnel. C'est un acte spirituel. Deux choses importantes se produisent quand vous absorbez une cassette. Premièrement, la foi vient de ce qu'on entend, et ce qu'on entend vient de la parole de Christ (Romains 10 : 17). Deuxièmement, l'onction de l'Esprit que contiennent les paroles entre en vous.

L'Esprit pénètre une personne quand elle reçoit la Parole de Dieu. C'est pourquoi beaucoup de personnes changent radicalement du simple fait d'avoir écouté une puissante prédication de la Parole de Dieu. C'est ce qui explique que les gens soient sauvés quand ils entendent prêcher la Parole de Dieu. Le Saint-Esprit entre en eux pendant la prédication et ils naissent de nouveau. La Bible dit que nous sommes nés de l'Esprit.

> **Ce qui est né de la chair est chair, et ce qui est né de l'Esprit est Esprit.**
>
> **Jean 3 : 6**

Naître de nouveau n'est pas une expérience éducationnelle. Naître de nouveau ne signifie pas que vous avez appris quelque chose de nouveau. Cela signifie qu'un changement spirituel s'est opéré en vous. Votre esprit a été recréé par le Saint-Esprit. L'expérience de la nouvelle naissance change totalement et à jamais la vie des gens. Cela arrive lorsque les gens écoutent la prédication de la Parole de Dieu. C'est pourquoi nous invitons les gens à l'église. Nous voulons qu'ils entendent la prédication.

Tout comme il est possible de naître de nouveau et d'être transformé spirituellement, il est possible de connaître une plus grande transformation spirituelle qui fera de vous un ministre. C'est ce que d'aucuns appellent « *recevoir une onction* » ou « *être oint* ». Trop de personnes se font appeler ministre sans avoir reçu ni l'appel au ministère, ni l'onction qui permet de le devenir.

Quand vous n'avez pas été oint, vous êtes sec et sans vie. J'avais l'habitude d'aller à l'église tous les dimanches et je détestais ça ! Ce fut une expérience sans vie et ennuyeuse. J'allais à l'église seulement parce que mes parents me demandaient de le faire. Malheureusement, non seulement certains soi-disant ministres ne sont pas oints, mais en plus, ils ne sont même pas nés de nouveau. C'est encore pire ! **On ne devient pas ministre grâce à un certificat. On devient ministre lorsque Dieu nous appelle et nous oint !**

Les églises ne grandissent pas parce qu'elles n'ont pas l'onction de la croissance. Les pasteurs du monde entier doivent désirer l'onction. C'est l'onction qui fait la différence ! Une fois que vous avez goûté à l'onction, vous n'avez plus envie de rien d'autre. Vous ne réussirez pas dans le ministère par votre intelligence. L'intelligence et l'instruction ne remplacent pas l'onction ! Désirez l'onction ! Allez la chercher ! C'est la chose la plus importante ! Et la chose la plus importante est la chose la plus importante !

Le premier sermon de Jésus

Le premier sermon de Jésus concernait l'onction. La première chose qu'il a dite à Ses débuts dans le ministère est qu'Il était oint.

> **L'Esprit du Seigneur est sur moi, parce qu'il m'a oint pour annoncer une bonne nouvelle aux pauvres...**
>
> **Luc 4 : 18**

En fait, Jésus n'a essayé aucune forme de ministère avant d'être oint. Jésus savait que le ministère dépendait de l'onction.

Les anciens d'église

J'ai récemment visité une grande et belle église. Le pasteur étant absent, c'est le concierge qui nous a fait visiter le bâtiment Dans le hall principal, il y avait des centaines de bancs d'acajou. C'était un très bel édifice avec deux grands orgues entourés de balcons.

J'ai demandé au concierge : « Combien de personnes peut contenir ce bâtiment ? »

Il m'a répondu : « Il peut contenir au moins huit cent quatre-vingt personnes. »

« Eh ben », j'ai fait. « Ça fait beaucoup ! »

Il a continué : « Mais très peu de gens viennent encore à l'église. »

« Je vois. Combien de personnes viennent à l'église aujourd'hui ? » lui ai-je demandé, inquisiteur.

« Environ vingt. Le maximum est de trente personnes. » Il a ajouté : « De nos jours, il n'y a que les personnes âgées qui viennent à l'église. Les jeunes ne viennent plus. »

J'ai pensé : « Comme c'est triste ! Une si grande église, réduite à une cellule de vingt personnes âgées et sur le point de mourir. »

De toute évidence, cette église manquait de vie. Mais ce n'était pas tout.

Le concierge poursuivit : « À partir de ce mois, les cultes auront lieu deux fois par mois, au lieu d'une fois par semaine. »

Je me suis dit : « Nous, nous célébrons des cultes pratiquement chaque jour de la semaine. Notre église est si vivante. Elle est principalement remplie de jeunes gens désireux de servir le Seigneur. Quel contraste ! »

L'onction est ce qui fait la différence entre une église en pleine croissance et une église morte. L'onction est la vie de Dieu dans le ministère. Comme on en a besoin ! Nous ne pouvons pas nous passer du Saint-Esprit.

Comment alors s'approcher du Saint-Esprit ? C'est cela le propos du présent ouvrage. Dieu essaie de vous montrer que vous avez besoin d'onction. Peut être prêchez-vous la Parole. Il se peut même qu'on vous ordonne. Il n'en demeure pas moins que c'est seulement lorsque vous serez oint que votre ministère commencera à faire une différence pour les foules perdues de l'humanité. Je vois l'onction descendre sur vous maintenant pendant que vous lisez ce livre !

Un jour, le prophète Ézéchiel expérimenta l'entrée de l'onction dans sa vie. Il décrivit de façon exacte comment et quand il reçut l'onction. Ézéchiel sentit que la puissance et l'onction de l'Esprit étaient entrées en lui alors qu'il était en train d'écouter la Parole.

DÈS QU'IL M'EUT ADRESSÉ CES MOTS, l'Esprit entra en moi...

Ézéchiel 2 : 2

Ézéchiel dit très clairement dans ce passage que le Saint-Esprit entra en lui alors qu'on lui parlait.

L'Apôtre Pierre remarqua également ce phénomène. Il remarqua que la puissance du Saint-Esprit descendait sur les gens quand il prêchait. Vous rappelez-vous lorsque Pierre prêchait les non Juifs ? La Bible dit qu'alors qu'il prêchait la Parole, l'Esprit de Dieu descendit sur les gens.

Comme Pierre prononçait encore ces mots, le Saint-Esprit descendit sur tous ceux qui écoutaient la parole.

Actes 10 : 44

Si le don du Saint-Esprit descendit sur les gens pendant que Pierre prêchait, cela signifie qu'assurément, le don du Saint-Esprit peut descendre sur vous lorsqu'un homme de Dieu oint prêche. C'est logique.

Comment tout a commencé...

Le 1er janvier 1987, à 5 heures du matin, je décidai d'obéir à l'appel que j'avais reçu de Dieu. C'est aux aurores du jour de l'an que je décidai de revêtir mon manteau et de devenir pasteur. Je savais que j'avais été appelé et j'avais décidé d'obéir en devenant pasteur.

À l'époque, j'étais étudiant en quatrième année de médecine. Je démarrai l'église avec un petit nombre d'élèves infirmières et de laborantins à l'hôpital universitaire de Korle-Bu, où je poursuivais mes études de médecine. Je n'avais personne pour m'orienter et me guider, raison pour laquelle je rencontrai pas mal de difficultés au cours de la première année.

Vers la fin de l'année 1987, beaucoup d'amis exprimèrent leur manque de confiance à mon endroit et me désertèrent. On me critiqua à tel point que je pensai à me suicider, juste pour faire plaisir à mes ennemis. Je me souviens que je regardais le ventilateur du plafond tourner au-dessus de mon lit. Je pensais souvent à m'y pendre. J'avais envie de disparaître hors de la vue de ceux qui me détestaient et me critiquaient. J'avais très peu d'orientations, mais j'étais sincère et j'avais beaucoup de foi et de nombreux ennemis. Il est étonnant de voir combien les gens peuvent vous détester lorsque vous décidez de répondre à l'appel de Dieu.

Tels furent les débuts précaires et douteux de mon ministère. Je débutai par la foi et commençai à enseigner et à prêcher ce que je savais. Un petit nombre d'élèves infirmières répondirent.

Au début, nous nous rencontrions dans une petite salle de classe de l'École d'hygiène. Au bout d'un certain temps, beaucoup de personnes nous quittèrent et d'autres restèrent. La petite église se stabilisa à quarante membres environ. Mais en 1998, il m'arriva quelque chose qui fit la différence dans mon ministère. Cela transforma mon ministère et fit d'une petite classe remplie d'élèves infirmières, un ministère qui touche des milliers de vies à travers le monde aujourd'hui.

Chapitre 4

Mon témoignage

À un moment au milieu de l'année 1988, je dus faire un séjour en santé communautaire. Chaque promotion de l'École de médecine est répartie en groupes. Ces groupes passent à tour de rôle par les différents secteurs de la médecine au cours de l'année. On appelle cela une rotation. Je devais effectuer quatre rotations en dernière année, respectivement en chirurgie, médecine, spécialités et santé communautaire.

Dans le cadre de mon séjour en santé communautaire, je dus partir d'Accra pour une plus petite ville appelée Suhum, située dans une autre région du pays. Là-bas, je vécus dans un hôpital gouvernemental de Suhum pendant un mois. Cela devait me permettre d'acquérir de l'expérience concernant la gestion d'un hôpital et le travail sur le terrain, où les conditions sont différentes de celles des grandes villes.

Tout en remplissant mes obligations médicales, j'avais l'esprit au ministère. Au cours de la deuxième semaine, je profitai d'un emploi du temps moins chargé pour décider de jeûner et prier. Sur le chemin de Suhum, j'étais passé par une librairie chrétienne dans laquelle j'avais acheté des cassettes de Kenneth Hagin. J'avais le sentiment d'avoir besoin de quelque chose à absorber pendant mon séjour à Suhum. J'avais été un grand disciple et admirateur du ministère de Kenneth Hagin. En fait, j'avais déjà écouté ces cassettes plusieurs fois, mais je me disais que cela me permettrait d'avoir quelque chose à écouter. Personne ne m'avait jamais dit d'écouter des cassettes. J'aimais simplement le faire. J'aimais la Parole et j'aimais entendre prêcher la Parole. Personne ne m'avait jamais dit d'écouter et de réécouter les cassettes. Je n'essayais pas de mémoriser les messages, même si à la fin, je me souvenais de pratiquement chaque phrase. Le fait d'écouter les cassettes ne remplaça jamais l'étude de la Bible et mes moments personnels de méditation. Je n'étais pas en train de perdre ma personnalité ! Je n'étais pas en train de devenir un clone. J'étais en train d'être immensément béni !

Une nuit, j'étais en train de prier, de jeûner et d'écouter l'une des cassettes que j'avais achetées. Je me souviens de ce jour comme si c'était hier. J'avais une petite radiocassette autoreverse rouge. Le message parlait de comment faire face aux démons. J'avais eu du plaisir à écouter ce message plus d'une fois. La cassette tourna sans interruption pendant toute la nuit.

Il se passa quelque chose !

À trois heures du matin environ, j'étais en train de prier à genoux près de mon lit. Je pouvais voir l'appareil de radio à l'autre bout de la pièce. Soudain, quelque chose sortit littéralement de la cassette qui était en train de tourner et entra dans mon ventre. Je pouvais sentir cela entrer en moi. Puis j'entendis une voix qui dit : « À partir de maintenant, tu pourras enseigner. » J'ignorais ce que c'était, mais je me dis : « C'est une bonne chose, car j'ai envie d'enseigner. » **À l'époque, je ne savais pas que j'avais reçu une importante transmission d'onction *à travers l'absorption de cassettes.***

À cette époque, mon église comptait quarante étudiants environ. La Bible dit que nous devons tout tester, alors je décidai de tester ce nouveau don. J'avais été invité à enseigner à un petit-déjeuner des hommes d'affaires du Plein Évangile de Suhum. Ce fut ma première prédication après cette transmission. Je vous assure, je pus voir la différence. Après la prédication, quelqu'un me demanda où se trouvait mon église. Il était surpris que je sois un ministre inconnu. À l'intérieur de moi, je savais que quelque chose s'était passé, qui faisait la différence.

À mon retour à l'église après un mois d'absence, je remarquai la différence dans ma capacité d'enseigner et de prêcher. J'avais reçu l'onction et je me mis à grandir. Ma première série de prédications portait sur l'enfant prodigue. Je prêchai sur ce thème en semaine et l'assistance, de même que l'intérêt pour le culte, s'accrurent de façon régulière. Je vous assure, je pus constater qu'il y avait de la vie et de l'Esprit dans le ministère.

C'est difficile à expliquer, mais lorsque l'onction est présente, ça se voit ! C'est comme la beauté. Quand on la voit, on la reconnaît ! C'est difficile de dire comment ou pourquoi on reconnaît la beauté. Toujours est-il que quand on voit la beauté ou l'onction, on les reconnaît !

Si je partage cela avec vous, c'est uniquement dans le but de vous aider. Mon ministère a fait d'énormes progrès grâce à une onction que j'ai reçue en écoutant la Parole sur une cassette. Aujourd'hui, vous avez entre les mains l'un des nombreux livres que j'ai écrits grâce à cette même onction d'enseignement !

À l'époque, je n'avais aucun fondement biblique pour étayer ce que j'avais expérimenté, raison pour laquelle je n'en ai pas parlé. Plus tard, en étudiant la Parole de Dieu, j'ai réalisé que le mystère de la transmission de l'onction par l'écoute de la Parole était une réalité. C'est biblique ! C'est conforme à la doctrine et c'est prouvé de façon expérimentale !

Quiconque s'expose à l'« absorption » de la Parole au moyen de livres et de cassettes s'expose à davantage d'onction ! Si vous le faites, il ne vous arrivera que de bonnes choses.

À plusieurs reprises, il m'est arrivé d'entendre des gens expliquer qu'ils avaient reçu l'onction en écoutant prêcher la Parole, assis au milieu de la congrégation. Un pasteur racontait comment il avait senti des gouttes d'onction chaudes couler sur sa tête alors que je prêchais à un camp. Je suis convaincu que le Seigneur était en train d'oindre cet homme.

T. L. Osborne, le grand évangéliste, a raconté comment Dieu changea son ministère alors qu'il était en train d'écouter William Branham. Tout se passa l'espace d'un moment et il fut oint pour devenir un grand témoin dans le monde. Il est intéressant de voir que ceux de l'extérieur reçoivent mieux que ceux de l'intérieur. Vous souvenez-vous de l'histoire du centenier dont le serviteur était malade ? Il envoya chercher Jésus parce qu'il savait que Jésus avait l'onction et la puissance qui permettait de guérir les malades.

Un centenier avait un serviteur auquel il était très attaché, et qui se trouvait malade, sur le point de mourir.

Ayant entendu parler de Jésus, il lui envoya quelques anciens des Juifs, pour le prier de venir guérir son serviteur.
Ils arrivèrent auprès de Jésus, et lui adressèrent d'instantes supplications, disant : il mérite que tu lui accordes cela ; car il aime notre nation, et c'est lui qui a bâti notre synagogue.
Jésus, étant allé avec eux, n'était guère éloigné de la maison, quand le centenier envoya des amis pour lui dire : Seigneur, ne prends pas tant de peine ; car je ne suis pas digne que tu entres sous mon toit.
C'est aussi pour cela que je ne me suis pas cru digne d'aller en personne vers toi. Mais dis un mot, et mon serviteur sera guéri.

Luc 7 : 2-7

L'homme savait que les paroles de Jésus contenaient une onction, raison pour laquelle il envoya un autre message à Jésus.

Il dit : « Tu n'as pas besoin de venir jusqu'ici. Reste là où tu es et dis seulement un mot. »

Autrement dit, « tu n'as pas besoin de venir imposer les mains ou oindre mon fils. Dis seulement une parole et l'onction de guérison fera le reste. »

IL ENVOYA SA PAROLE et les guérit, Il les fit échapper de la fosse.

Psaume 107 : 20

L'ange apparaît

Un soir, alors que je prêchais à une Convention de vagues de miracles, il se passa quelque chose de très surprenant. Il y avait des milliers de personnes ce soir-là et Dieu agissait puissamment. Je me souviens que lorsque je finis de prêcher, je sentis que Dieu avait déjà agi. Je n'avais plus besoin de faire quoi que ce soit. Il y avait une dame assise au balcon avec son fils et son mari.

Soudain, cette femme eut une vision. Ses yeux s'ouvrirent de façon surnaturelle et elle me vit, moi et les autres personnes qui se tenaient sur le podium. Puis elle vit un ange immense à ma gauche, suspendu en l'air.

Elle me dit : « Pendant que vous prêchiez, vous disiez des choses comme : « Je vois Dieu vous bénir ! », « Je vois Dieu exaucer votre prière », « Je vous vois guérir au nom de Jésus ! », « Je vous vois posséder une voiture ! » L'ange distribuait les bénédictions pendant que je parlais et de plus petits anges les apportaient aux gens.

Elle affirma que certaines personnes avaient les mains tendues et étaient très réceptives. Les anges allaient droit vers elles avec les bénédictions. Alors que certains recevaient, d'autres passaient à côté de ces transmissions spirituelles.

Je suis persuadé que cet ange m'accompagne partout où je vais prêcher. Je sais que ce « grand gaillard » m'a été attribué. Cet ange est à mon service. Les choses spirituelles sont aussi réelles que les choses naturelles. La Bible nous enseigne que les anges sont des esprits mis à notre service. Ils nous servent et nous apportent de l'aide. C'est la raison pour laquelle un ange distribuait des cadeaux spirituels à ceux qui recevaient la Parole.

> **Ne sont-ils pas tous des esprits au service de Dieu, envoyés pour exercer un ministère en faveur de ceux qui doivent hériter du salut ?**
>
> **Hébreux 1 : 14**

Chapitre 5

Recevoir une onction

Quiconque écoute une cassette ou lit un livre reçoit une onction plus ou moins importante. Certaines personnes ne sont ni impressionnées, ni touchées par le message. D'autres encore sont offensées. Comme disait Jésus, « Heureux celui pour qui je ne serai pas une occasion de chute. » Certaines personnes sont enchantées par le message. D'autres ne s'en souviennent pas ; tout ce qu'elles savent, c'est que c'était un bon message.

En écoutant une cassette, vous apprenez le message. Vous apprenez la Parole. Vous acquérez du savoir. Certaines personnes s'arrêtent là, d'autres vont plus loin. Moi je suis allé plus loin sans même savoir ce que je faisais. En fait, ce n'était pas acquérir du savoir qui m'intéressait. Autrement, il m'aurait suffi de quelques écoutes pour assimiler toute l'information contenue dans la cassette. Mon amour de la Parole me poussa à m'exposer à l'onction sans même le savoir.

Je me souviens avoir été béni par les messages du pasteur d'une grande église de Los Angeles en Californie. J'avais quelques vidéos de lui que j'aimais beaucoup. Je n'arrêtais pas de les regarder. Voir ce pasteur prêcher dans son église me donnait envie d'avoir une église comme la sienne et de prêcher aussi bien que lui. Un jour, alors que je prêchais dans mon église, allant et venant dans l'allée, l'Esprit de Dieu me dit : « Ça y est ! »

Je pris soudain conscience que je suivais la trace de ce pasteur que j'avais regardé et écouté pendant des années. J'enseignais et je prêchais comme lui. J'étais pasteur d'une église aussi grande que celle que j'avais vue sur la cassette. Vous savez, quand l'onction repose sur vous, vous faites des choses spécifiques dans votre ministère.

Vous voulez avoir une grande église ? Recevez l'onction qui repose sur quelqu'un qui a une grande église. Vous voulez être évangéliste ? Regardez autour de vous, voyez qui Dieu utilise et suivez cette personne. Écoutez ses cassettes et lisez ses livres. L'onction descendra sur vous un jour.

Spécificité de l'onction

L'onction est comme votre fusil. Elle sert à faire des choses spécifiques. Il vous suffit de vous en servir et de la diriger là où vous le souhaitez. Chaque onction a une capacité qui lui est propre de produire certains résultats. L'onction qui reposait sur Élie l'amena à faire certaines choses.

Vous voulez enseigner la Parole ? Suivez quelqu'un sur qui repose une onction d'enseignant. L'onction est quelque chose de très spécifique. L'onction de guérison diffère de l'onction d'enseignement, qui elle-même diffère de l'onction pastorale.

Élie causa miraculeusement trois années de sécheresse. Il multiplia la farine et l'huile d'une veuve, ressuscita un jeune garçon et fit descendre le feu du ciel. Élisée fit des choses similaires. Il causa également des années de sécheresse, opéra des guérisons et multiplia l'huile d'une veuve. Il est intéressant de voir qu'Élisée opéra exactement le double des miracles opérés par Élie. Élie opéra seize miracles et Élisée en opéra trente-deux ! Élisée avait reçu une double portion de l'onction d'Élie.

L'onction est une substance très spécifique qui vous permet de réaliser certaines choses. Vous pouvez désirer l'onction qui repose sur un ministre en particulier. Dieu peut vous avoir mis à cœur de réaliser certaines choses dans le ministère. Élisée alla chercher l'onction qui reposait sur Élie sans se gêner.

Si vous recevez l'onction qui repose sur certaines personnes, vous ferez des choses similaires, car il s'agit de la même onction.

Jean-Baptiste avait également reçu l'onction d'Élie. Il y avait de nombreuses similitudes entre les ministères de Jean-Baptiste et d'Élie. Ils eurent tous les deux des ministères spectaculaires et affrontèrent tous les deux des rois. Ils connaissaient tous deux les déserts et la solitude. Ils portaient le même type de vêtements et vivaient simplement. Leurs ministères à tous les deux prirent fin à cause d'une reine.

Tirez avantage des cassettes

Si vous voulez tirer le maximum d'une cassette, vous devez l'écouter avec pour objectif de recevoir une onction. Écoutez la même cassette plusieurs fois. L'expérience m'a appris que cela diffère du fait d'écouter différentes cassettes du même prédicateur. Si vous voulez vous rapprocher du niveau de réceptivité F, dont je parle au chapitre suivant, écoutez uniquement les cassettes qui vous plaisent. Écoutez les cassettes de manière inconsciente et pendant que vous jeûnez et priez. Faites en sorte de recevoir le don de Dieu qui vous touche. Soyez ouvert à l'homme de Dieu qui est en train de prêcher. Recevez-le avec admiration et amour. Autrement, vous ne recevrez rien à travers lui.

> **Mais à tous ceux qui l'ont reçue, à ceux qui croient en son nom, elle a donné le pouvoir...**
>
> **Jean 1 : 12**

Chapitre 6

L'art de prêcher et l'onction

Vous pouvez apprendre à prêcher et enseigner en écoutant des cassettes. Je n'ai jamais été dans une école biblique et on ne m'a jamais enseigné à faire un sermon. Je n'ai pas eu ce privilège. Mais il existe plusieurs façons d'apprendre à faire la même chose.

À l'époque où je pratiquais la médecine, j'ai appris une petite phrase au Département de chirurgie. Cette phrase disait ceci : « Regardez faire, assistez et faites. » Que signifie cela ? Cela signifie que si vous voulez apprendre à opérer, vous devez regarder quelqu'un opérer, assister quelqu'un qui opère, puis essayer d'opérer vous-même.

Tout le monde peut apprendre à prêcher en écoutant quelqu'un d'autre prêcher. La meilleure chose est d'écouter continuellement d'autres prêcher. Le prophète Daniel étudia ce que le prophète Jérémie avait enseigné. Le prophète Jérémie exerça son ministère de 685 à 616 avant Jésus-Christ et le prophète Daniel prit le relais de 616 à 536 avant Jésus-Christ. Daniel a clairement dit que c'était en étudiant les livres écrits par Jérémie qu'il avait acquis son savoir. Pourquoi craignez-vous d'apprendre à travers quelqu'un alors que de grands hommes tels que Daniel furent bénis par des prophètes tels que Jérémie ?

> **La première année de son règne, moi, Daniel, je vis par les livres qu'il devait s'écouler soixante-dix ans pour les ruines de Jérusalem, d'après le nombre des années dont l'Éternel avait parlé à Jérémie, le prophète.**
>
> **Daniel 9 : 2**

Ouvrez votre cœur et devenez quelqu'un qui apprend et reçoit. Après tout, notre savoir à tous vient bien de quelque part. **Seules les personnes qui manquent d'assurance craignent de montrer que ce qu'elles savent, elles l'ont appris quelque part !** Soyez réceptif au point de recevoir la connaissance de la Parole ! Ouvrez votre esprit de manière à pouvoir prêcher vous-même ! Ouvrez votre cœur de manière à recevoir l'onction !

Les niveaux de réceptivité

Notez les niveaux de réceptivité ci-après et demandez-vous là où vous vous situez.

Niveau A : La parole n'a aucun impact.Vous ne comprenez pas le message. Vous ne l'avez probablement même pas aimé.

Niveau B : La parole a un impact sur vous.Vous êtes excité et pensez que c'est un bon message. Néanmoins, vous ne retenez que onze pour cent environ de ce qui a été dit. C'est ce qui arrive en général quand on n'écoute une cassette qu'une seule fois.

Niveau C : Vous absorbez un peu plus la parole, mais vous êtes incapable de reproduire le message.

Niveau D : Vous absorbez tellement la parole que vous êtes en mesure de reproduire le message.

Niveau E : Vous commencez à apprendre à prêcher et enseigner.Vous prêchez et enseignez avec la même onction.

Niveau F : Vous absorbez la parole, de même que l'onction et l'esprit du message.

Niveau G : À ce niveau, le transfert du don d'un ministère entier s'opère. Souvent, l'onction qui repose sur l'orateur est transférée sur vous. Comme pour Jean-Baptiste et Élie, vos ministères présentent des similarités, car c'est la même onction qui a été transférée.

Prenez note des signes ci-après

Voici les signes qui indiquent que vous êtes en bonne voie d'acquérir une onction.

1. Vous arrivez à suivre le fil du message, même s'il est confus et désordonné.

2. Vous tirez d'autres leçons que celles contenues dans le message. C'est un important signe que vous êtes en train d'acquérir l'onction du ministre. Vous commencez à connaître la pensée et le cœur de la personne que vous écoutez. La plupart de ces leçons n'ont pas de rapport avec le message prêché. Vous commencez à apprendre plusieurs petites choses telles qu'avoir des principes, comment s'exprimer, comment étudier les Écritures et comment surmonter les problèmes.
3. Vous commencez inconsciemment à utiliser certaines phrases et parties de ces messages. Sans le savoir, vous commencez à vivre et penser comme la personne que vous écoutez.
4. Vous êtes en mesure de prêcher le message et d'atteindre les mêmes résultats, à savoir croissance de l'église, miracles, personnes qui disent avoir été bénies par votre prédication, personnes qui achètent vos cassettes, personnes qui souhaitent entendre la suite. Cela diffère du fait d'imiter simplement, sans onction, comme lorsque vous répétez exactement ce que vous entendez sans pour autant atteindre les mêmes résultats.

Erreurs à eviter

Je ne suis pas en train de vous enseigner à ne pas étudier la Bible par vous-même. Je ne suis pas en train de vous enseigner à négliger l'étude biblique personnelle. Ce serait une grave erreur ! J'écoute beaucoup les cassettes, mais j'étudie la Parole de Dieu tous les jours. **J'ai des moments personnels de méditation chaque jour. La plupart de mes messages proviennent de mes études bibliques quotidiennes.**

- Ne commettez pas l'erreur de ne pas lire et étudier la Bible par vous-même.
- Ne commettez pas l'erreur de croire que c'est un homme qui vous oindra. Dieu vous oindra à travers un homme.
- Ne commettez pas l'erreur de n'écouter des cassettes que lorsque vous devez prêcher. Écoutez-en tout le temps, que

vous deviez prêcher ou non. J'écoute des cassettes tout le temps.

- Ne commettez pas l'erreur de ne pas étudier en profondeur les messages que vous entendez prêcher ou que vous écoutez sur cassette.
- Ne commettez pas l'erreur de prêcher des choses que vous ne pratiquez pas. Ne prêchez pas sur des sujets que vous ne comprenez pas ou auxquels vous ne croyez pas (Esdras 7 : 10).
- Ne commettez pas l'erreur de simplement imiter ou copier quelqu'un, sans avoir saisi tout le mystère de la réception de l'onction par l'écoute de la parole.
- Ne commettez pas l'erreur de négliger la dimension audiovisuelle. La vidéo vous permet de saisir des choses impossibles à saisir sur une cassette audio, telles que la posture, l'habillement et la gestuelle. Absorber des cassettes vidéo vous permet d'apprendre à transmettre l'Esprit et à faire le ministère avec des signes et des prodiges.

Ignorez les ignares

Écouter et réécouter des cassettes ne signifie pas mémoriser bêtement. Certaines personnes appellent cela « mâcher et recracher ». Cela m'amuse d'entendre de tels commentaires.

Lorsque j'étais à l'École de médecine, la période la plus difficile pour moi fut la deuxième année. Au cours de celle-ci, nous dûmes étudier la physiologie, l'anatomie et la biochimie.

Pour moi, la biochimie était la plus difficile des trois matières, car il fallait beaucoup mémoriser, chose que je trouvais ennuyeuse.

Je ne vous enseigne pas à devenir un copieur. Je vous enseigne comment recevoir l'onction. Je vous enseigne à marcher sur les traces de personnes ointes. Quand une jeune fille apprend à cuisiner, on lui apprend à suivre une simple routine. À force de faire et refaire, elle parvient à cuisiner aussi bien que sa mère. Avec le temps, elle met au point ses propres recettes et développe un style personnel. Diriez-vous de cette fille qu'elle copie bêtement ? Diriez-vous qu'elle mémorise sans comprendre ? Certainement pas ! Elle apprend humblement.

Qu'est-ce qu'un clone ?

Cher ami, le diable veut vous empêcher de recevoir l'onction. J'ai entendu des gens évoquer sarcastiquement cette méthode de réception de l'onction. Quelqu'un a dit que je produisais des clones. Qu'est-ce qu'un clone ? Pourquoi certaines personnes essaient-elles de jeter la confusion dans les esprits de brebis de Dieu en utilisant des expressions qui paraissent intelligentes ? Très franchement, je préfère entendre mes chiens aboyer le matin, plutôt qu'écouter de telles sottises !

Quand un médecin étudie afin de devenir chirurgien, il doit observer de près ce que fait son professeur. Puis, il l'assiste plusieurs fois, et bientôt, l'occasion lui sera donnée de mettre en pratique ce qu'il a appris. Il suit méticuleusement la procédure qu'il a vu suivre. Il se peut qu'il commette quelques erreurs, mais très vite, il arrive à opérer parfaitement.

Si vous observez ce chirurgien de près, vous réaliserez qu'il fait exactement ce que fait son professeur. Avec le temps, il apporte ses propres ajouts et améliorations. Le professeur a-t-il produit un clone ? Certainement pas ! Il a formé un chirurgien compétent.

Lorsque Paul formait Timothée au ministère, il lui écrivit : « Mon fils, prêche ce que tu as entendu de moi. Partage avec des hommes fidèles les choses que tu as apprises. »

> **Toi donc, mon enfant, fortifie-toi dans la grâce qui est en Jésus-Christ. Et ce que tu as entendu de moi en présence de beaucoup de témoins, CONFIE-LE À DES HOMMES FIDÈLES, qui soient capables de l'enseigner aussi à d'autres.**
>
> **2 Timothée 2 : 1-2**

Paul demanda à Timothée de prêcher ce qu'il avait lui-même prêché. Paul était-il en train de reproduire des clones sans cervelle ? Faites attention aux personnes qui essaient de décrire à leur manière des choses divines et de les faire paraître stupides.

Lorsque vous « absorbez » des cassettes, il vous arrive beaucoup de bonnes choses. Vous apprenez à prêcher et vous recevez l'onction. La manière dont certaines personnes voient les choses est surprenante. Quelqu'un m'a dit un jour qu'il refusait d'écouter des cassettes parce qu'il ne voulait pas « perdre sa personnalité. » Comment pourriez-vous perdre votre personnalité en vous exposant à l'onction et à l'influence d'hommes de Dieu spéciaux ?

Que la chorale de mon église interprète un chant d'Andrae Crouch ou de quelqu'un d'autre signifie t'il qu'elle a perdu sa personnalité ? Savez-vous qu'il faut plusieurs heures de répétition pour chanter juste ? Que les choristes absorbent et réabsorbent les chants pour essayer de reproduire exactement ce qu'ils entendent signifie-t-il qu'ils perdent leurs personnalités ? *Comme je l'ai dit plus tôt, je préfère entendre mes chiens aboyer le matin, plutôt qu'écouter de telles sottises !* Souvenez-vous de ce que Paul a dit aux Corinthiens. Il leur a demandé de l'imiter !

> **Soyez mes imitateurs, comme je le suis moi-même de Christ.**
>
> **1 Corinthiens 11 : 1**

Imiter les gens et s'imprégner de leurs cassettes ne pose aucun problème du moment qu'ils suivent Christ de près.

Chapitre 7

« Aman » et « Tsalach »

Le lendemain, ils se mirent en marche de grand matin pour le désert de Tekoa. À leurdépart, Josaphat se présenta et dit : Écoutez-moi, Juda et habitants de Jérusalem ! Confiez-vous en l'Éternel, votre Dieu, et vous serez affermis ; confiez-vous en ses prophètes, et vous réussirez.

2 Chroniques 20 : 20

Dans ce passage très connu, Josaphat, un membre de l'église, exhorte le reste de la congrégation à croire en Dieu et en l'homme de Dieu. Ce célèbre discours nous enseigne une leçon très importante pour le ministère. Dans la première partie de ce passage, il prédit que si on se confie en l'Éternel, on sera affermi. Dans la deuxième partie, il promet que si on croit en ses prophètes, on réussira.

Voyez-vous, Josaphat se trouvait face à une sitution très difficile. Plusieurs rois étaient sur le point de l'attaquer, et sa nation était en crise. Il avait convoqué une réunion de prière et un grand nombre de prières avaient été adressées à l'Éternel. À la fin de la réunion, l'un des pasteurs (le révérend Jahaziel) fit une prophétie. Il prophétisa qu'ils seraient vainqueurs. Il prédit que Dieu combattrait pour eux et que tout irait bien. Compte tenu de cela, Josaphat fit marcher la chorale devant l'armée. C'était une action très dangereuse. Mais il crut à la fois en Dieu et au prophète et ne le regretta pas ! À la fin, Josaphat et ceux qui le suivaient reçurent plus de bénédictions qu'ils n'avaient besoin ! Dieu leur accorda plus de benedictions qu'ils n'avaient besoin.

Josaphat et son peuple allèrent prendre leurs dépouilles ; ils trouvèrent parmi les cadavres d'abondantes richesses et des objets précieux, et ils en enlevèrent tant qu'ils ne purent tout emporter.

Ils mirent trois jours au pillage du butin, car il était considérable.

2 Chroniques 20 : 25

Le mot hébreu qui a été traduit par « affermi » dans 2 Chroniques 20 : 20 est « Aman ». Il signifie « nourrir », « élever comme un parent », « aider à se développer » et « donner des soins ». Cela nous enseigne que quand on croit en Dieu, il nous nourrit et nous procure des soins. Il vous édifiera dans la foi et vous recevrez de solides bases que seul un parent peut donner. Mais la suite de ce passage dit que si on croit aux prophètes, on « réussira ». Le mot hébreu qui a été traduit par « réussir » est « Tsalach ». Il signifie « faire des progrès », « surmonter », « arriver puissamment », « prendre son envol » ! Les mots « Aman » et « Tsalach » symbolisent deux expériences ministérielles différentes.

Dieu vous nourrira et vous aidera à vous développer pour Son œuvre. Il vous prodiguera des soins comme à un bébé dans un berceau. Il vous élèvera comme un parent et vous encouragera jusqu'à ce que vous soyez bien développé. MAIS APRÈS, VOUS AVEZ BESOIN D'UN COUP DE POUCE POUR ENTRER DANS LE MINISTÈRE.

Vous avez besoin d'arriver puissament dans le ministère. Vous avez besoin de prendre votre envol pour répondre pleinement à votre appel. Dieu veut que vous surmontiez toute barrière et tout obstacle qu'il y a dans votre vie et votre ministère.

La question est de savoir comment vous recevrez le coup de pouce qui vous premettra d'entrer dans le ministère. Une fois que vous avez été nourri et soigné par le Dieu Tout-Puissant, quelle est la clef qui permet d'arriver puissamment au-devant de la scène du ministère ? **Cette clef consiste à croire en l'homme de Dieu.**

Certaines personnes ont du mal à croire en l'homme de Dieu. Elles disent des choses comme : « Je crois en Dieu, mais je ne peux pas faire confiance à ces hommes. » Elles disent : « Je ne peux pas me confier dans le bras de la chair. »

Vous devez vous rendre compte que ce n'est pas en l'homme en tant que tel que vous mettez votre confiance. Le filet de sécurité que l'on trouve dans ce passage est que nous sommes censés croire tant en Dieu qu'en l'homme de Dieu. L'un sans l'autre ne vous permettra pas d'aller là où vous devez.

Croire en Dieu sans croire en ses prophètes vous aidera à vous développer en Christ. Mais il vous manquera le coup de pouce dont vous avez besoin. Croire en l'homme de Dieu sans croire en Dieu est aussi très dangereux ! Vous pourriez facilement faire une erreur et commettre les mêmes erreurs qu'un être humain. C'est la raison pour laquelle les deux vont de pair !

Pendant que vous lisez ce livre, ma prière est que vous vous ouvriez à la bénédiction « Tsalach ». C'est celle qui consiste à recevoir un puissant coup de pouce dans le ministère.

Mes premiers pas en tant que chrétien ont consisté à être nourri par Dieu au travers de grands groupes de partage tels que la Ligue pour la lecture de la Bible. C'est la Parole de Dieu qui m'a permis de grandir. J'ai été nourri au travers des études bibliques et de la prière. Je peux vous assurer que j'ai grandi de façon régulière dans le Seigneur.

Au fil des années, j'ai rencontré des hommes de Dieu qui ont influencé ma vie. Sans me rendre compte de ce que je faisais, je me suis mis à suivre des ministres tels que Kenneth Hagin, Fred Price et David Yonggi Cho. J'ai suivi de près les ministères de ces hommes de Dieu, cru en eux et suivi les instructions de ces hommes, et cela m'a permis d'avancer dans le ministère. C'est la raison pour laquelle vous pouvez lire ce livre aujourd'hui !

J'ai toujours un livre ou une cassette à « absorber ». Il n'y a aucun mal à suivre une personne de près, du moment qu'elle suit Christ.

Soyez mes imitateurs, comme je le suis moi-même de Christ.

1 Corinthiens 11 : 1

Suivre de près un homme de Dieu ne pose aucun problème du moment que l'on croit aussi en Dieu.

Dieu donne à chacun un homme de Dieu. À travers cet homme, vous recevrez un coup de pouce pour le ministère. Vous recevrez l'onction et prendrez puissament votre envol. Ne commettez pas l'erreur de rejeter l'homme de Dieu que Dieu vous donne.

Les ministères de beaucoup de personnes ne vont nulle part parce qu'elles refusent de se connecter à Dieu à travers un homme de Dieu. Au Ghana, le barrage d'Akosombo, construit sur le lac Volta (le plus grand lac artificiel au monde), est la principale source d'électricité du pays.

Je peux vous assurer qu'il génère beaucoup de puissance. Pour m'y connecter, je n'ai pas besoin d'aller jusqu'à Akosombo. Il me suffit de faire un branchement sur la prise la plus proche.

La prise la plus proche, c'est l'homme de Dieu avec lequel vous pouvez être en relation sur cette terre. En vous connectant à lui, vous vous connecterez à Dieu qui se trouve « loin » au ciel. Branchez-vous à cette prise et vous serez branché à une puissance extraordinaire ! Connectez-vous à l'homme de Dieu et vous serez surpris de constater que vous vous êtes en fait connecté à une puissance incroyable. Quiconque est connecté à la prise est connecté au barrage de l'Akosombo lui-même.

En vérité, en vérité, je vous le dis, celui qui reçoit celui que j'aurai envoyé me reçoit, et celui qui me reçoit, reçoit celui qui m'a envoyé.

Jean 13 : 20

Regardez autour de vous et voyez toutes ces prises « peu impressionnantes » qui se trouvent autour de vous. Regardez autour de vous et voyez ces hommes de Dieu « peu impressionnants ». Connectez vous à Dieu à travers ces canaux choisis. Vous pouvez le faire en écoutant leurs cassettes audio, en regardant leurs cassettes vidéo et en lisant leurs livres. Ne faites pas l'erreur de rejeter cette grande opportunité d'avancer dans le ministère.

Jésus fut rejeté par les habitants de sa ville natale. Ils n'arrivaient pas à croire que ce charpentier peu impressionnant était l'homme de Dieu pour leurs vies. Lorsque Jésus leur dit qu'il était oint pour guérir et pour prêcher, ils se sentirent offensés et se mirent en colère. Ils le poussèrent hors de la ville.

> **L'Esprit du Seigneur est sur moi, parce qu'il m'a oint pour annoncer une bonne nouvelle aux pauvres ; Il m'a envoyé pour guérir ceux qui ont le coeur brisé, pour proclamer aux captifs la délivrance, et aux aveugles le recouvrement de la vue, pour renvoyer libres les opprimés… Ils furent tous remplis de colère dans la synagogue, lorsqu'ils entendirent ces choses. Et s'étant levés, ils le chassèrent de la ville, et le menèrent jusqu'au sommet de la montagne sur laquelle leur ville était bâtie, afin de le précipiter en bas. Mais Jésus, passant au milieu d'eux, s'en alla.**
>
> **Luc 4 : 18, 28-30**

Les autres personnes qui crurent en Jésus le reçurent et furent grandement bénies par son ministère. Elles reçurent de puissantes percées pour leurs vies et pour leurs ministères.

Lorsque Pierre, Jacques et Jean débutèrent leur ministère dans le livre des Actes, beaucoup de personnes remarquèrent qu'ils étaient très oints. Ils commencèrent à se demander : « Qui sont ces jeunes hommes qui *arrivent puissamment* dans le ministère ? », « Qui sont ces gens qui *se trouvent au premier rang* du ministère à Jérusalem ? », « Où ont-ils reçu l'onction pour prêcher et guérir les malades ? »

> **Lorsqu'ils virent l'assurance de Pierre et de Jean, ils furent étonnés, sachant que c'étaient des hommes du peuple sans instruction ; et ils les reconnurent pour avoir été avec Jésus.**
>
> **Actes 4 : 13**

Je vous vois avancer dans le ministère ! Je vous vois à l'avant garde du ministère dans votre ville ! Je vous vois surmonter tous les obstacles et les difficultés de votre ministère ! Connectez-vous à votre homme de Dieu ! « Absorbez » ses cassettes et ses livres ! L'onction est à votre portée ! Je vous vois porter du fruit et réussir dans le ministère du Seigneur Jésus-Christ !

Père céleste, je prie pour tout jeune homme et toute jeune femme qui désire l'onction du Saint-Esprit. Je prie pour tout pasteur dans le ministère. Je prie que tu ouvres les yeux de leur intelligence afin qu'ils puissent voir la vérité qui se trouve dans ta Sainte Parole. Déverse ta puissance et ton Esprit sur les ministres de cette moisson des derniers temps. Ô Seigneur, nous avons plus que jamais besoin de ton onction. Alors que ton peuple se connecte aux hommes de Dieu que tu nous as donnés, puisse un esprit d'humilité et de réceptivité les envahir. Que des manteaux précieux tombent sur ces serviteurs qui désirent avoir un niveau d'onction plus élevé. Puisse tout ministre du Seigneur Jésus qui lit ce livre ne plus jamais être le même ! Et puissent-ils recevoir une réelle puissance et de réels dons d'en haut. Amen !

Chapitre 8

Six géants reçoivent l'onction

Il est intéressant de voir comment de grands hommes ont reçu l'onction. Beaucoup de personnes pensent que seuls les chanceux reçoivent l'onction ! Dans le présent chapitre, je présente les témoignages de six grands hommes dont beaucoup de gens ont entendu parler. Ceux-ci ne sont pas étrangers au Corps du Christ. La plupart d'entre nous connaissons les grandes choses que Dieu a réalisées à travers eux.

Les témoignages qui vont suivre sont tirés de livres qui ont été écrits sur ces hommes. Ce n'est pas moi qui les ai écrits, j'essaie simplement de vous montrer ce qu'ils ont dit à leur propre sujet.

Reinhard Bonnke et George Jeffreys

*L'extrait ci-après est tiré d'une biographie de Reinhard Bonnke intitulée **A Passion for the Gospel** (Une passion pour l'Évangile) écrite par Colin Whittaker.*

> [1]*Le train en provenance de Swansea amena Reinhard Bonnke à Londres, où il devait passer quelques heures avant l'étape suivante de son voyage à bord du ferry de nuit. On l'informa que le moyen par excellence de visiter Londres était d'emprunter ses mondialement célèbres bus rouges. Comme il avait suffisamment d'argent pour s'acheter un billet circulaire, il se promena dans les rues de la capitale, changeant de bus au hasard. Il était libre, il rentrait chez lui, et du haut de l'étage supérieur de l'autobus à impériale, la vie et la ville de Londres lui paraissaient merveilleuses.*
>
> *Au bout d'une heure ou deux, il eut besoin d'exercice. Il descendit donc à l'arrêt suivant et se mit à descendre la rue nonchalamment, n'ayant pas la moindre idée de l'endroit*

où il se trouvait, à part qu'il était sur le trajet des autobus londoniens. Alors qu'il profitait de sa promenade à pied, une pancarte l'informa qu'il se trouvait dans un quartier appelé Clapham. Ce nom ne lui disait rien et il continua à marcher. Il se retrouva devant une maison entourée d'une barrière en bois ayant une plaque sur laquelle était inscrit un nom : Principal George Jeffreys.

Il s'arrêta et regarda de nouveau. C'était écrit en noir et blanc, mais non, il n'y croyait pas, ce n'était pas possible.

Quelques semaines plus tôt, il était en train de feuilleter des livres à la bibliothèque de l'université lorsqu'il tomba sur **Healing Rays*** *de George Jeffreys. Très vite, son intérêt grandit, à mesure qu'il lisait le contenu.*

Il s'agissait d'un exposé scripturaire équilibré sur la guérison divine. Le dernier chapitre était rempli de témoignages sur les miracles opérés dans le ministère de George Jeffreys, et dont furent témoins d'immenses congrégations dans les plus grandes salles des Îles britanniques. Fondateur et leader de la Elim Foursquare Gospel Alliance, il était clair que ce fut un évangéliste très oint.

Bien que très absorbé par sa lecture, Reinhard nota que la plupart des miracles avaient eu lieu dans les années 20. Il supposa que ce grand évangéliste devait être mort, et au moment où il quittait l'université, George Jeffreys était loin de ses pensées.

Mais maintenant, il s'interrogeait. Était-il possible que ce grand évangéliste fût encore en vie et habite à cet endroit ? Il était sur le point de décider que cela n'avait aucun sens lorsque le Saint-Esprit sembla souffler dans son cœur : « Pourquoi ne cherches-tu pas à savoir ? »

---

* *Rayons de guérison*

Contrairement à ce que les gens pourraient penser lorsqu'ils le voient sur un podium, Reinhard n'est pas du genre à se précipiter. Il aime réfléchir avant d'agir. Mais tout à coup, il sut qu'il devait connaître la vérité. Il se dirigea vers la porte d'entrée et sonna. Juste au moment où il commençait à penser qu'il n'y avait personne, une femme ouvrit la porte.

« Excusez-moi » dit-il, « mais j'ai vu la plaque et je me suis demandé si c'est ici qu'habite George Jeffreys, le grand évangéliste qui a évangélisé la nation entière. »

« Oui, c'est bien de lui qu'il s'agit », répondit-elle.

« S'il vous plaît, pensez-vous que je pourrais le voir ? Je viens juste de finir l'École biblique et je suis en train de retourner chez moi en Allemagne. »

Un Reinhard songeur entra et là, descendant l'escalier, il aperçut la silhouette frêle d'un homme âgé. D'une voix grave et rauque, il salua Reinhard et lui demanda ce qu'il voulait. Reinhard expliqua qu'il venait juste de finir l'École biblique et que Dieu l'appelait à devenir missionnaire en Afrique.

Il fut conduit dans une pièce et on l'invita à s'asseoir. George Jeffreys s'assit en face sur un canapé et lui posa un tas de questions sur lui.

Le fait que Reinhard était allé à l'université au Pays de Galles l'aida à engager la conversation avec ce prédicateur gallois qui avait joué un rôle dans le Grand Réveil qui s'était produit dans ce lieu en 1904, et la conversation démarra avec la force d'un lien spirituel qui gomma l'écart générationnel. Ce fut une rencontre entre deux âmes sœurs passionnées par l'évangélisation. L'un était connu par beaucoup comme le plus grand évangéliste britannique du siècle et savait qu'il arrivait en fin de vie ; et l'autre, un jeune homme passionné, savait que Dieu l'appelait à devenir évangéliste et faisait son entrée dans le ministère.

Soudain, le vieil homme glissa sur ses genoux, entraînant Reinhard vers le sol avec lui. La gloire de Dieu descendit sur

Reinhard alors que George Jeffreys lui imposait les mains et priait pour lui. La voix fatiguée mais toujours éloquente se faisait de plus en plus forte alors que le vieux revivaliste gallois épanchait son âme dans la prière pour le jeune homme inexpérimenté et passionné que Dieu avait amené dans sa maison afin qu'il le bénisse. Lui qui avait passé sa vie à exhorter les pécheurs à recevoir Christ était une fois de plus en train de chercher la face de Dieu pour les âmes perdues, mais cette fois-ci à travers le ministère de ce jeune allemand agenouillé avec lui.

Dieu avait-il donné à Georges Jeffreys un aperçu du futur ministère de Reinhard Bonnke ? Lui avait-il permis de voir à l'avance l'extraordinaire expansion du réveil qui était sur le point de se produire ? Nous l'ignorons, mais lorsque Reinhard se leva enfin, il sut que Dieu lui avait donné quelque chose de puissant.

Il quitta la maison « stupéfait » de ce qui venait de se produire, alors que la gouvernante refermait la porte derrière lui.

Il n'arrivait pas à comprendre. Il n'était même pas en train de penser à George Jeffreys, mais dans une ville de près de dix millions d'habitants, Dieu l'avait conduit à la porte de cet homme. Plus il y pensait, plus il remerciait Dieu de l'avoir guidé. Il prit le train de nuit afin de pouvoir prendre le ferry sur la Manche et passa par la Belgique pour rentrer chez lui en Allemagne. Hermann et Meta étaient très heureux que leur fils soit de retour et tout le monde avait beaucoup de choses à raconter, mais Reinhard n'évoqua pas sa rencontre avec ce grand évangéliste.

Quelques semaines plus tard, Hermann dit : « Reinhard, je viens juste d'apprendre que George Jeffreys, le célèbre évangéliste, est décédé. »

Reinhard était abasourdi. « Ce n'est pas possible. Je l'ai vu il y a quelques semaines alors que je revenais à la maison. » Puis il raconta à son père l'histoire de cette merveilleuse rencontre.

Avec la mort du grand homme, la rencontre était encore plus significative.

Vingt-cinq ans plus tard, en août 1986, Reinhard Bonnke organisa une campagne dans une ville appellée Blantyre (Malawi), du nom du lieu de naissance en Écosse de David Livingstone, le grand explorateur missionnaire en Afrique. Dieu possédait tellement le ministère de son serviteur qu'au dernier service, le nombre des participants était passé à 150000. Plus tard en fin d'année, une autre campagne eut lieu à Lilongwe, et une fois de plus, plusieurs milliers de personnes vinrent entendre le message de l'Évangile. C'est à cette époque que Reinhard fut profondément touché par certaines paroles émouvantes écrites par David Livingstone plus d'un siècle auparavant en 1853 lorsqu'il était dans la même région :

Les futurs missionnaires seront récompensés par des conversions après chaque sermon. Nous sommes leurs pionniers et leurs aides. Qu'ils n'oublient pas les veilleurs de nuit, nous qui avons travaillé lorsque tout était sombre et qu'aucune preuve de réussite telle qu'une conversion n'égayait notre chemin. Ils auront sans aucun doute plus de lumière que nous, mais nous avons servi notre Maître avec ardeur et proclamé le même Évangile qu'ils proclameront.

Plus d'une fois, Reinhard embrasa l'Afrique, le Saint-Esprit lui rappela la dette incommensurable qu'il avait envers les nombreux « veilleurs de nuit » sur les traces desquels il marchait. La plupart d'entre eux, à l'instar de Livingstone, étaient décédés depuis longtemps, mais comme les Écritures disent au sujet d'Abel, ils « continuent de parler par la foi ». Toutefois, la providence divine lui avait permis de rencontrer un ou deux veilleurs de nuit spéciaux du vingtième siècle.

Ce n'est que lorsqu'il pria au sujet de l'importante décision de déplacer le centre de ses activités d'Afrique à Francfort en Allemagne que le Saint Esprit attira particulièrement son attention là-dessus. Tout se mit soudain en place. Dieu lui permit de comprendre que l'on poursuivait l'œuvre de nos prédécesseurs, ces veilleurs de nuit qui portèrent fidèlement le flambeau de la vérité pendant leur génération, défièrent les ténèbres et passèrent le témoin à ceux qui venaient après eux et étaient prêts à répondre à l'appel de Dieu, des personnes telles que David Livingstone, Rees Howells et George Jeffreys, et il sut que d'une certaine manière, Dieu l'avait aidé à reprendre un flambeau. Il ressentit soudain le poids de la responsabilité qui reposait sur ses épaules. Il ne devait pas échouer.

Plus il repensait à sa rencontre avec George Jeffreys, plus il réalisait que Dieu avait planifié le moment extraordinaire où elle avait eu lieu, si proche de la fin de vie de l'évangéliste ; le fait qu'il était Allemand et que son pays avait combattu l'Angleterre quelques années seulement auparavant; le fait que cette rencontre avait eu lieu le jour où il avait terminé ses études à l'université; mais aussi le fait qu'il s'agissait d'un des plus grands évangélistes du siècle. Dieu avait confirmé son appel et cette expérience particulière semblait l'avoir recouvert d'une couche supplémentaire de sa puissance.

Le fait de repenser à cet événement sous la direction du Saint-Esprit le fortifia et l'amena à remercier Dieu de l'avoir guidé, mais lui permit également d'avoir du recul par rapport à cela. Il sut que même le grand George Jeffreys avait commis des erreurs qui avaient quasiment et certainement limité son efficacité au cours des dernières années de sa vie. Rien ne pourrait jamais effacer ce que l'évangéliste avait accompli, mais malheureusement, il avait été impliqué dans un différend sur le gouvernement de l'église qui avait fini par entraîner la scission du mouvement Élim. De plus, il s'était laissé entraîner dans une distraction inutile qui ne le mena nulle part, si ce n'est à une controverse supplémentaire. Ce fut une sombre leçon. Si un si grand homme de Dieu pouvait commettre des erreurs qui avaient gâché son ministère, quels espoirs avait- il ? Il pria que Dieu continue à ordonner ses pas et à le délivrer afin qu'il ne se détourne jamais de l'évangélisation.

Aucun serviteur de Dieu n'est surhumain, et Reinhard est conscient qu'un jour les gens pourraient aussi se réjouir de ses erreurs. Nous sommes ce que nous sommes par la grâce de Dieu. Un événement qui aurait facilement pu le pousser à s'enorgueillir lui avait permis de rester humble et conscient qu'il avait besoin de veiller et de prier. Le chemin d'un évangéliste qui a du succès est semé d'embûches.

Kenneth Hagin et Smith Wigglesworth

*L'extrait ci-après est tiré de « **Comprendre l'onction** » de Kenneth E. Hagin. Prenez note de la manière dont l'onction se transmet d'un grand homme à un autre.*

> [2]*Il arrive fréquemment qu'après le décès d'un grand serviteur de Dieu, homme ou femme, comme Élie, des prédicateurs disent : « Je me demande sur qui tombera son manteau. » Nous avons tous entendu semblable remarque. Or, ce n'est pas parce que nous avons entendu une phrase et l'avons souvent répétée que les choses se passent de la même façon ! Et les faits ne correspondent pas nécessairement à nos pensées.*
>
> *J'aimerais attirer votre attention sur un point qui pourrait vous empêcher d'entrer dans les bénédictions que Dieu a en réserve pour vous. En 1947, je tombai sur un périodique religieux qui m'apprit que Smith Wigglesworth s'en était allé auprès du Seigneur à l'âge de 87 ans. J'eus un sentiment de grand vide. Je me rappelle m'être rendu dans mon église et m'être agenouillé devant l'autel. Je n'avais pas connu cet homme personnellement mais j'avais lu beaucoup de livres sur lui, j'avais même usé ses ouvrages jusqu'au jour où quelque chose finit par « déteindre » sur moi.*
>
> *Lorsqu'un homme de Dieu de cette envergure meurt, on a une impression de vide, de grand vide. En effet, il avait au cours de son ministère amené 23 personnes à la vie, elles étaient ressuscitées. Les gens s'interrogeaient donc : « Sur qui tombera son manteau ? »*

---

[2]*Comprendre l'onction, Kenneth E. Hagin, Éditions Bethesda, France.*

Et dans mon ignorance, je crus aussi que le manteau, l'onction, tomberait sur quelqu'un au hasard. Mais ce n'était pas exact. Le manteau est le symbole de l'onction...

Et comme nous l'avons constaté ci-dessus, la même onction se reçoit en rapport avec les notions d'association, d'entourage et d'influence. Il ne fait aucun doute que vous serez conduit par le Seigneur à exercer certains ministères, mais il faut absolument que tous ceux qui exercent un ministère soient avertis à ce propos. Je suis dans le ministère depuis 49 ans et en 49 ans, ce ne sont pas les occasions de trébucher qui ont manqué.

Si vous suivez quelqu'un, assurez-vous que cette personne suive réellement le Seigneur. Si elle s'en éloigne tant soit peu, ne serait-ce qu'un tout petit peu, alors soyez sur vos gardes.

Apprenez des leçons de foi de telles personnes, mais ne les suivez pas de trop près. Rappelez-vous ces trois points :

Ayez premièrement l'appel de Dieu dans votre vie.

Suivez ensuite le Seigneur Jésus, car Il est la tête de l'Église, suivez-Le de très, très près.

Enfin, si vous désirez connaître le même genre de ministère que celui que vous voyez exercé par une autre personne, suivez ce ministère de près. Si votre cœur éprouve un tel désir, c'est qu'en général Dieu l'y a Lui-même placé. Mais ne vous méprenez pas, ce manteau ne tombera pas sur vous de façon automatique, comme les cerises mûres tombent de l'arbre.

Benny Hinn et Kathryn Khulman

Benny Hinn est un autre exemple d'une personne qui a reçu l'onction. Dans son livre « Bonjour, Saint-Esprit », il raconte comment un transfert a été effectué dans sa vie à travers le ministère de Kathryn Khulman. Il raconte qu'il assistait à un service de miracles de Kathryn Khulman lorsque le Saint-Esprit le toucha.

Dans les Écritures, les similitudes entre les ministères d'Élie et d'Élisée étaient une indication de la similitude de l'onction qui reposait sur leur vie. C'est sur cela que nous nous basons pour examiner les similitudes qui existent entre différents ministères aujourd'hui. Élisée demanda une double portion de l'onction qui reposait sur la vie d'Élie, et il la reçut. Par conséquent, Élie opéra ***seize*** *miracles, tandis qu'Élisée en opéra* ***trente deux !*** *Élisée opéra exactement le double des miracles qu'opéra Élie, et cela s'explique par le fait qu'il avait une double portion de l'onction d'Élie. Les miracles des deux ministres étaient également similaires. Ils annoncèrent tous les deux des famines dans leurs communautés. Tous deux virent un petit garçon ressusciter des morts. À une certaine période de leurs ministères, Élie et Élisée furent impliqués dans l'assèchement du Jourdain. Autre similarité importante : ils firent tous les deux des prophéties exactes, qui s'accomplirent.*

Quand j'observe le ministère de Benny Hinn, il ne fait aucun doute pour moi qu'il a effectivement reçu quelque chose par le biais du ministère de Kathryn Khulman. Plus simplement, je crois que Benny Hinn a reçu l'onction qui reposait sur la vie de Kathryn Khulman. Il y a beaucoup de similarités entre le ministère de Benny Hinn et celui de

Kathryn Khulman. Ces similarités sont la preuve que le type de manteau qui reposait sur Kathryn Khulman repose maintenant sur Benny Hinn.

Les foules qui se rassemblent aux cultes de miracles de Benny Hinn rappellent celles que Kathryn Khulman attirait. L'onction de guérison particulière qui donne lieu à des miracles extraordinaires est également une caractéristique des ministères de Benny Hinn et de Kathryn Khulman. La présence inhabituelle et tangible du Saint-Esprit qui est ressentie lors des services de Benny Hinn est également une marque de l'onction qu'avait Kathryn Khulman. Les ministères de Kathryn Khulman et de Benny Hinn se caractérisent aussi par le fait que de nombreuses personnes tombent sous l'effet de la puissance du Saint-Esprit pendant les cultes. Comme je l'ai fait remarquer, ces similitudes sont une preuve que le type de manteau dont était revêtue Kathryn Khulman est actuellement porté par Benny Hinn.

Je ne raconte pas ces choses dans le but de vous faire dire : « Waouh, comme j'aimerais être à la place de Benny Hinn ! » Je ne les partage pas avec vous afin que vous vous mettiez à admirer les choses que les grands hommes de Dieu ont expérimentées. ***J'essaie de vous faire comprendre un principe qui peut marcher pour vous. Vous*** *pouvez être oint ! Vous pouvez recevoir une onction !* ***Vous*** *pouvez aussi recevoir de merveilleux dons spirituels si vous comprenez les principes qui régissent la réception d'une onction. La tâche est tellement immense que Dieu a besoin d'un grand nombre de personnes ointes pour annoncer la Parole. Je ne crois pas que l'onction soit réservée à un petit nombre de privilégiés. Vous et moi pouvons la recevoir si nous sommes prêts à en payer le prix !*

T. L. Osborne et William Branham

L'extrait ci-après est un intéressant témoignage sur la manière dont T. L. Osborne reçut l'onction. Notez comment l'onction fut transférée d'un grand homme à un autre.

[3]L'homme dont le ministère ressemblait le plus à un ministère unique pendant les premières années du réveil était un jeune évangéliste de l'Oklahoma, Tommy L. Osborne. Au cours de cette période, T. L. Osborne mit au point de nouvelles techniques d'évangélisation indépendante à l'étranger et gagna le respect de la plupart des autres évangélistes de son époque. Lorsque le réveil commença à diminuer à la fin des années cinquante, beaucoup d'autres, cherchant à survivre, suivirent le chemin frayé par T. L. Osborne.

Issu d'une famille de treize enfants, Osborne fut élevé dans la pauvreté d'une ferme de l'époque de la Dépression dans l'Oklahoma, où il apprit à avoir une profonde confiance en Dieu. En 1937, à l'âge de quatorze ans, il reçut la conviction que Dieu lui avait parlé et lui avait dit qu'il deviendrait prédicateur. Il ne dépassa pas la quatrième, mais devint ministre dans la petite église pentecôtiste de Dieu. En 1946, il passa une année décourageante en Inde en tant que missionnaire. Il revint malade et déçu et s'établit dans une petite église locale à McMinnville, dans l'Oregon. Au mieux, pendant ses premières années en tant que ministre, Osborne eut un succès limité.

Dans l'Oregon, un T. L. Osborne désillusionné attendait l'arrivée déterminante de l'équipe de William Branham pendant l'été 1947. Le premier soir de la campagne de Branham à Portland, l'épouse d'Osborne était parmi les spectateurs.

Daisy Osborne, elle-même vive et énergique, persuada son époux d'assister à la réunion suivante. Plus tard, Osborne écrivit :

Alors que je regardais le frère Branham faire le ministère aux malades, je fus particulièrement captivé par la délivrance d'une petite sourde-muette pour laquelle il pria ainsi : « esprit sourd et muet, je t'ordonne, au nom de Jésus, de sortir de cette enfant. » Et lorsqu'il claqua des doigts, la fillette entendit et parla parfaitement. Quand je vis cela, j'eus l'impression d'entendre des milliers de voix me parler toutes ensemble, d'un commun accord, me répétant encore et encore : « Tu peux le faire . »

C'est de cette expérience que naquit un ministère missionnaire unique qui a touché de dizaines de milliers de personnes pour Dieu.

L'évêque David Oyedepo et l'archevêque Idahosa

Prenez note du témoignage de l'évêque David Oyedepo. C'est un grand homme de Dieu qui porte beaucoup de fruit dans le Royaume. Ce qui suit est un témoignage qu'il a lui-même écrit.

[4]En 1987, je regardais une vidéo dont le message était tiré d'Ésaïe 53 : 1.

« Qui a cru à ce qui nous était annoncé ? Qui a reconnu le bras de l'Éternel ? »

J'avais le cœur et les yeux rivés sur la vidéo. Alors que je regardais et j'écoutais le message de la croisade, la puissance de Dieu me toucha tellement que je fondis en larmes, seul dans ma maison ! J'allai au lit dans cet état et cela me stimula beaucoup.

Je me levai tôt, j'allai dans la salle à manger et je me mis à crier : « Seigneur, montre-moi le secret ! » Et au milieu de cette expérience, j'entendis un homme marcher et mettre Sa main sur mon dos, et je sentis des ondes me traverser la colonne vertébrale. J'éclatai en sanglots.

Le dimanche suivant, alors que je me tenais debout pour prêcher à l'église, je dis : « Nous allons nous souhaiter la bienvenue avec le passage suivant : ...» Nous ouvrîmes nos bibles au Psaume 110, et avant que je puisse finir, la puissance de Dieu descendit ! Il n'y eut plus de prédication. Il y eut toutes sortes de guérisons ! Toutes sortes ! Et cela donna naissance aux « Flammes de Pentecôte », une invasion exaltante qui détruisit les œuvres du diable dans l'État de Kaduna, au Nord du Nigeria.

Chers amis, plus tôt vous rencontrez cette puissance, mieux c'est. Il y a de la puissance dans la rencontre avec la Parole ! Tant que vous n'aimerez pas la Parole, vous n'expérimenterez pas la puissance. La véritable source de la puissance, c'est la Parole.

Actes 10 : 44 dit : « Comme Pierre prononçait encore ces mots, le Saint Esprit descendit sur tous ceux qui écoutaient la parole. »

Si vous priez pour la puissance et que vous embrassez également la Parole pour la puissance, vous ne serez jamais à sec.

Quand une parole est prononcée, une transmission s'effectue. Quand une parole prophétique est prononcée, une transmission s'effectue.

Dans Ézéchiel 2 : 2, le prophète Ézéchiel dit :

« Dès qu'il m'eut adressé ces mots, l'esprit entra en moi... »

Lorsque vous écoutez des paroles ointes, ne vous attendez pas seulement à recevoir une meilleure compréhension, attendez-vous aussi à ce que quelque chose vous soit transmis.

En 1986, j'assistai à une réunion à Tulsa à laquelle le révérend Kenneth E. Hagin prêchait sous l'onction du Saint-Esprit. Je m'assis à un endroit éloigné et alors qu'il parlait, je vis son visage transfiguré (j'ignore combien de personnes virent cela), et là, j'eus une rencontre. Mon cœur explosa, et je me mis à sangloter ouvertement. L'Esprit entra en moi et changea entièrement le cours de mon ministère !

Avant cela, lorsque je prêchais, je sautillais d'un endroit à l'autre, et je suais.

Mais ce jour-là, l'Esprit entra en moi, et la sérénité du style du ministère de Kenneth Hagin me fut transmise instantanément !

Lorsque vous présentez votre cœur comme une tablette, vous recevez non seulement des éclaircissements, mais aussi une transmission qui permettra aux éclaircissements de porter du fruit.

«...qu'aucune prophétie de l'Écriture ne peut être un objet d'interprétation particulière...mais c'est poussés par le Saint Esprit que des hommes ont parlé de la part de Dieu. »

Ainsi, lorsque la Parole est prononcée, non seulement vous recevez des éclaircissements, mais l'Esprit qui a fourni ces éclaircissements vous est également transmis.

Ne prenez plus à la légère le temps que vous passez à écouter des enseignants et des prédicateurs oints de la Parole. Pendant que vous écoutez et entendez, attendez-vous à recevoir non seulement une meilleure compréhension, mais attendez-vous et préparez-vous aussi à ce que votre cœur rencontre la puissance de Dieu.

Rien n'est plus authentique que ce qui provient directement de la source.

« Car sa bouche l'a ordonné. C'est son esprit qui les rassemblera. » (Ésaïe 34 : 16).

Beaucoup ont rencontré la puissance à travers la Parole prêchée sous différentes formes : audio, vidéo, télévision, radio, etc. Certaines personnes ont été baptisées par d'huile fraîche alors qu'elles écoutaient la Parole prêchée.

Une fois, alors que j'écoutais l'archevêque Benson Idahosa sur une cassette vidéo, pour la première fois de ma vie, un invité invisible se dirigea vers moi. Je pouvais entendre ses pas. Et alors qu'il plaçait ses bras sur mes épaules, quelque chose passa au travers de moi. C'est alors que je reçus l'onction qui permet d'opérer des miracles. Depuis, je considère la maladie comme un imposteur et ceux qui la tolèrent comme des ignorants. Je vois que vous pouvez être en bonne santé si vous le désirez.

John Osteen (Lakewood Church) et le couple Osborn

John Osteen fut pasteur de la Lakewood Church, une des plus grandes églises au monde. Notez ce qu'il dit sur l'écoute de cassettes. Cela ne le dérangeait pas d'écouter des cassettes d'autres grands hommes de Dieu. Tout ce qu'il voulait, c'était recevoir l'onction.

[5]Qui dit Daisy dit T. L. et qui dit T. L. dit Daisy. Ils sont inséparables et l'ont toujours été. Seul le ciel nous dira combien de ministres prêchent l'Évangile aujourd'hui grâce à eux.

Je me sens si béni de les avoir connus tous les deux. C'est en lisant leur livre intitulé ***Healing the Sick and Casting Out Devils*** *(Guérir les malades et chasser les démons) que j'ai entendu parler du couple Osborn pour la première fois. J'ai dit : « Il faut que je trouve ce couple. » J'ai pleuré lorsque j'ai vu les images des foules et des miracles.*

En tant que ministre baptiste venant juste de recevoir le baptême du Saint Esprit, je ne croyais pas que ce genre de chose se produisait encore. Je me demandais : « Ces miracles sont-ils réels ? Est-ce qu'on m'a caché quelque chose ? »

Je refusai de renoncer tant que je n'aurais pas rencontré les Osborne. Ils me laissèrent entrer dans leur vie. J'étais déterminé à faire quelque chose pour ma génération, mais j'ignorais comment m'y prendre.

Mais cette femme et cet homme me prirent sous leurs ailes et m'enseignèrent à ne pas prêcher **sur** *Jésus, mais à prêcher* ***JÉSUS.***

Daisy et T. L. auront toujours une part dans tout ce que nous faisons à la Lakewood Church pour toucher les nations du monde pour Christ.

Ils m'invitèrent à assister à une de leurs croisades et à m'asseoir sur l'estrade avec eux. Ils m'entourèrent de leurs bras et me firent regarder le visage de ceux qui avaient reçu un miracle.

Ce que j'entends par-là, c'est qu'ils me permirent d'être présent et de voir ces miracles, l'un après l'autre.

T. L. et Daisy voyaient la faim de mon cœur et étaient déterminés à me faire voir la gloire de Dieu en action, de mes propres yeux. Alors que j'écoutais leurs enseignements, que j'étais témoin de ces miracles et que j'observais la simplicité de leur ministère, j'en vins à la conclusion suivante : « C'est conforme aux Écritures. Je peux faire la même chose. »

Pendant les huit années qui suivirent, je voyageai à travers le monde entier, et Dieu confirma Sa parole à chaque prédication. Puis Il me demanda de revenir à Houston et de bâtir la Lakewood Church pour en faire un grand centre d'évangélisation mondial, une base à partir de laquelle j'allais communiquer aux nations le message et l'amour de Jésus.

Il y a quelques temps, Daisy a fait quelque chose de très spécial pour moi. Vous allez peut-être sourire lorsque je vous dirai quoi, mais c'est une attention que je n'oublierai jamais.

*J'étais actif à la Lakewood Church et j'avais des responsabilités en tant que pasteur. Cela faisait longtemps que je n'avais pas mené de croisade à l'étranger. Je l'avais fait pendant ces huit ans, mais lorsque Dieu m'amena à bâtir la Lakewood Church pour en faire une « **Oasis d'amour dans un monde troublé** », je restai aux États-Unis et me consacrai au ministère pastoral, n'effectuant qu'occasionnellement des voyages missionnaires à l'étranger.*

Nous avions décidé d'organiser une grande campagne d'évangélisation et un séminaire pour leaders à New Delhi (Inde), la capitale de cette grande nation historique. Je m'apprêtais à partir.

J'en avais parlé à frère T. L. Cela faisait des années que je n'avais pas prêché à une croisade à l'étranger et j'avais vraiment peur, me demandant si je serais à la hauteur. Cela pourrait sembler idiot, mais c'est la vérité. Je dis à T. L. : « Je crois que j'ai oublié comment faire. »

Trois mille deux cents (3 200) pasteurs et prédicateurs venus de toute l'Inde s'étaient inscrits, ainsi que des milliers d'autres leaders, ouvriers et étudiants. Vous aurez peut être du mal à le croire, mais je me mis à paniquer. J'appelai donc Daisy et je lui dis : « Daisy, je prends l'avion demain et je crains d'avoir oublié comment prêcher. » Je lui dis : « Pourrais tu m'envoyer par Federal Express les messages que T. L. a prêchés lors de votre croisade à Hyderabad en Inde ? » J'ajoutai (avec un sourire au fond de moi, parce que T. L. et elle me connaissaient tellement bien) : « Je t'assure que si tu ne m'envoies pas ces cassettes, je vais échouer à cette grande croisade et ce grand séminaire à New Delhi. Je ne sais pas quoi faire. Il faut que tu m'aides. »

Bien entendu, sœur Daisy rit de moi et dit : « Pasteur John, vous savez prêcher. » Je répondis : « Sœur Daisy, envoyez-

moi ces cassettes, sinon je suis fichu ! » Elle m'assura : « Vous les aurez demain matin, pasteur. »

Et elle me fit parvenir la série complète des messages prêchés par T. L. à leur croisade de Hyderabad par Federal Express, les envoyant par le courrier qui arrivait le lendemain à Houston. Je les reçus avant de partir et les écoutai tout le long du trajet jusqu'en Inde. ***Et ce qui marche pour T. L. et pour Daisy marche pour John Osteen parce qu'il s'agit de la Parole de Dieu !***

Daisy et T. L. nous ont marqués, ma précieuse épouse Dodie et moi, mais pas seulement nous. Des milliers et des milliers de prédicateurs ont été bénis et élevés grâce à leur influence divine.

Le principe est le même

Ce qui marcha pour ces grands et puissants hommes de Dieu marchera pour vous. Le principe qui permet de recevoir l'onction à travers des livres et des cassettes est un principe qui a été testé et éprouvé par le temps. Le moment est venu pour vous de recevoir l'onction. Vous ne pouvez pas continuer à prêcher seulement avec votre zèle naturel. Oh quelle différence l'onction fera dans votre vie !

Reinhard Bonnke est l'un des plus grands évangélistes de tous les temps. Où qu'il aille, ses croisades attirent généralement des foules pouvant atteindre jusqu'à un demi million de personnes. Comment tout cela a-t-il commencé ? Quel est le secret de ce grand ministère ? C'est l'onction qui fait la différence ! Bien que dans son témoignage Reinhard ne parle pas de livres et de cassettes, le principe est le même, à savoir qu'il reçut une onction ! C'est l'onction qui fait la différence ! Vous devez recevoir l'onction. Ce sont les gens qui désirent l'onction et qui vont la chercher qui la reçoivent. Que ce soit au moyen de l'imposition des mains ou de l'absorption de cassettes, le principe est le même.

L'absorption de livres et de cassettes de Smith Wigglesworth marcha pour Kenneth Hagin. T. L. Osborn devint un grand évangéliste de renommée mondiale après avoir été béni par le ministère du prophète Branham. L'onction a marché pour John Osteen. John Osteen n'avait pas honte d'absorber les cassettes de T. L. Osborn. L'évêque Oyedepo a clairement expliqué comment il fut béni en absorbant les vidéos et les cassettes de grands hommes. C'est ainsi que de grands ministères naissent ! C'est ainsi que l'on devient un géant !

Cher ami, Dieu est en train de faire de vous un autre géant pour son Royaume. Respectez l'onction ! Ayez pour but de recevoir l'onction! L'onction fait la différence ! Lorsque vous l'aurez compris, vous ne serez plus jamais le même. Votre ministère ne sera plus jamais le même !

Chapitre 9

Pourquoi certaines personnes ne reçoivent jamais l'onction

Certaines personnes semblent ne jamais recevoir l'onction. Elles peuvent être près d'hommes de Dieu oints, mais semblent simplement ne jamais recevoir cette glorieuse onction. Dans ce chapitre, j'aimerais évoquer avec vous certaines raisons pour lesquelles certaines personnes ne reçoivent jamais l'onction.

Lorsque Jésus était sur terre avec nous, Il fit le ministère sous la puissance du Saint-Esprit. D'une manière ou d'une autre, certaines personnes ne purent jamais recevoir de Lui. Elles étaient séparées de l'onction par ce que j'appelle des « *obstacles humains* » à l'onction.

> **Jésus partit de là, et se rendit dans sa patrie...Quand le sabbat fut venu, il se mit à enseigner dans la synagogue. Beaucoup de gens qui l'entendirent étaient étonnés et disaient : d'où lui viennent ces choses ? Quelle est cette sagesse qui lui a été donnée, et comment de tels miracles se font-ils par ses mains ? N'est-ce pas le charpentier, le fils de Marie, le frère de jacques, de Joses, de Jude et de Simon ?... Et il était pour eux une occasion de chute. Mais Jésus leur dit : Un prophète n'est méprisé que dans sa patrie... Il ne put faire là aucun miracle, si ce n'est qu'il imposa les mains à quelques malades et les guérit.**
>
> **Marc 6 : 1-5**

Dans le passage ci-dessus, vous remarquerez que Jésus ne fut pas bien accueilli. Il ne put en fait opérer aucun miracle ! L'onction qui reposait sur Lui ne put pas se répandre sur les autres. Il ne put guérir les malades et les gens ne purent recevoir de Lui.

De la même manière, il y a des gens qui ne peuvent pas recevoir de certains hommes de Dieu. Il s'agit d'un problème universel que l'on rencontre dans une mesure encore plus grande aujourd'hui. Le don de Dieu se promène au milieu de nous et nous n'en profitons pas !

Pourquoi certaines personnes ne purent-elles pas recevoir ? Pourquoi l'onction ne put-elle pas se répandre sur leurs vies ?

Les obstacles

Il existe plusieurs obstacles qui empêchent les gens de recevoir l'onction. Ces obstacles sont souvent les traits et les caractéristiques naturels de l'homme de Dieu. Chacun de ces traits peuvent constituer un obstacle susceptible de vous tenir éloigné de l'onction !

Le nom, le sexe, la tribu et la nationalité d'une personne constituent souvent des obstacles à l'onction. Certaines personnes ne peuvent pas recevoir d'un homme de Dieu à cause de ses origines. Le seul fait d'entendre son nom de famille les dérange. Certaines personnes ne peuvent pas recevoir d'une femme. D'autres encore ne peuvent pas recevoir de personnes originaires de certaines ethnies. Certains chrétiens ne peuvent pas recevoir de personnes originaires d'un autre pays.

Beaucoup d'Américains regarderaient un livre écrit par un Africain avec dédain. Ils ne le regarderaient même pas deux fois ! J'ai eu l'occasion d'interagir avec des ministres de différentes nationalités. Le simple fait de mentionner l'Afrique les dérange ! J'ai remarqué que certains chrétiens occidentaux considèrent les Africains comme des mendiants. Quel que soit le don qu'ils ont reçu de Dieu, les pasteurs africains sont souvent considérés comme des « coupeurs de bois, des porteurs d'eau, des pousseurs et des porteurs de sacs ! »

Cela est dommage, car Dieu a oint beaucoup d'Africains qui ont des dons pour le monde. Si vous êtes le genre de personne qui ne peut pas recevoir d'un Africain, il se peut que vous soyez privé de certaines grandes bénédictions !

La *couleur* de la peau constitue l'un des plus grands obstacles à la réception de l'onction. Bien que Dieu ait créé tous les hommes égaux, les Blancs ont souvent du mal à recevoir des Noirs. Ce que je dis est vrai et visible dans les églises à travers toute l'Amérique le dimanche matin. Le dimanche matin constitue le moment de ségrégation le plus important de la semaine ! Les Noirs se rendent dans des églises noires dirigées par des ministres noirs. Les Blancs vont rarement dans des églises dont le pasteur est noir et vice versa. À quoi cela est-il dû ? Une fois de plus, les obstacles humains sont à l'œuvre. **L'homme de Dieu peut avoir ce dont ils ont besoin, mais parce qu'il a la mauvaise couleur de peau, ils ne veulent rien avoir à faire avec !**

Quelle est la différence entre un homme blanc et un homme noir? Ne sommes-nous pas tous des hommes ? Une chose qui prouve que nous sommes tous semblables, c'est le fait que l'on puisse transfuser le sang d'un homme blanc à un homme noir sans que cela pose le moindre problème !

Nous sommes tous des « *homo sapiens* » La seule différence entre un homme noir et un homme blanc, c'est la quantité de *mélanine* que l'on trouve dans la peau. Pourquoi la quantité de *mélanine* qui se trouve dans mon sang devrait-elle vous empêcher de recevoir l'onction qui repose sur mon ministère ? Se pourrait-il que vous passiez à côté de la volonté de Dieu à cause de la quantité de *mélanine* qui se trouve dans la peau d'une personne ?

J'ai reçu beaucoup de bénédictions dans ma vie au travers de personnes de différentes couleurs, races et tribus. J'ai été immensément béni par des ministres ghanéens et par des ministres américains. Dieu a touché ma vie par le biais de personnes à la peau noire, blanche et jaune. Ma vie aurait pu être très différente si je ne m'étais pas ouvert à tous ces merveilleux vaisseaux.

Un jour j'ai demandé à quelqu'un « *De quelle couleur suis-je ?* » C'était un prédicateur qui enseignait beaucoup sur « l'homme noir ». Je voulais savoir à quelle catégorie

j'appartenais. Voyez-vous, mon père était originaire du Ghana et ma mère est originaire de la Suisse. Étant donné que je suis un mélange des deux, je voulais savoir si j'étais considéré comme un blanc ou comme un noir !

Malheureusement, ce cher pasteur me classa dans l'une de ces deux catégories. Je me demandais pourquoi il tenait absolument à me classer dans l'une de ces catégories, alors que j'appartenais à moitié à chacune d'elles ! Pourquoi voulons-nous classer les gens par catégories ? C'est cette catégorisation qui empêche les gens de recevoir d'un homme de Dieu.

Quel est son parcours ?

Les études poursuivies par une personne, ses origines, ses qualifications, son parcours personnel (et les rumeurs !) constituent quelques-uns des obstacles les plus courants à la réception de l'onction. Heureusement ou malheureusement, Dieu a décidé de se servir d'êtres humains comme vases pour son onction. Ces vases humains ont forcément un passé ! Ce passé peut ne pas être ce à quoi vous êtes habitué. Il peut ne pas être ce que vous souhaitez ! Il se peut que vous n'aimiez pas la tribu ou la famille à laquelle appartient le vase utilisé par Dieu. Il se peut que vous n'aimiez pas la couleur de sa peau. Mais cela n'empêchera pas Dieu d'utiliser ce vase humain. Voyez-vous, Dieu a beaucoup de vases, et il se sert de celui qu'il veut.

> **Dans une grande maison, il n'y a pas seulement des vases d'or et d'argent, mais il y en a aussi de bois et de terre ; les uns sont des vases d'honneur, et les autres sont d'un usage vil.**
>
> **2 Timothée 2 : 20**

Quel âge a-t-il ? L'homme de Dieu est-il assez âgé pour vous ? Est-il trop jeune ? Est-il trop vieux ? Dans le monde séculier, les gens doivent avoir un certain âge pour occuper certaines fonctions. En général, il faut avoir plus de quarante ans pour devenir président ou ministre dans un pays. À cause de ces lois, les gens ont tendance à penser qu'une personne âgée de moins de quarante ans ne peut pas être un leader. Cela est dommage, car Jésus n'avait que trente ans lorsqu'il commença son ministère.

Lorsque les lévites de l'Ancien Testament atteignaient l'âge de tente ans, on considérait qu'ils avaient atteint l'âge d'enseigner.

> **...depuis l'âge de trente ans et au-dessus jusqu'à l'âge de cinquante ans, de tous ceux qui sont propres à exercer quelque fonction dans la tente d'assignation.**
>
> **Nombres 4 : 30**

N'oubliez jamais que les normes de l'homme ne sont pas celles de Dieu.

> **Jésus leur dit : ...Dieu connaît vos cœurs ; car ce qui est élevé parmi les hommes est une abomination devant Dieu.**
>
> **Luc 16 : 15**

Pierre reçut de Jésus

> **Lorsqu'ils virent l'assurance de Pierre et de Jean, ils furent étonnés, sachant que c'étaient des hommes du peuple sans instruction ; et ils les reconnurent pour avoir été avec Jésus.**
>
> **Actes 4 : 13**

La plupart des gens citent ce passage pour affirmer que Pierre reçut l'onction en fréquentant Christ. Ce que vous devez réaliser, c'est que Pierre reçut Jésus de la bonne manière. **Pierre était très proche de Christ et il aurait pu devenir familier avec lui au point de ne plus pouvoir recevoir de lui.** Il aurait pu prendre l'onction à la légère ! Il aurait pu percevoir Christ comme un simple homme avec des faiblesses humaines. Vous croyez que Christ n'avait pas de faiblesses humaines ? La Bible dit que Christ a pris nos infirmités (faiblesses).

> **...Il a pris nos infirmités, et il s'est chargé de nos maladies.**
>
> **Matthieu 8 : 17**

Judas n'aurait jamais trahi Christ s'il ne voyait pas en lui un simple homme. Qui voudrait trahir Dieu ?

Un jour, le Seigneur demanda à Pierre ce que les gens pensaient de lui. Jésus ne lui posa pas cette question simplement pour flatter son ego ! Il se demandait comment les gens percevaient son ministère.

> **...Qui dit-on que je suis, moi, le Fils de l'homme ?**
>
> **Matthieu 16 : 13**

Il demanda encore à Pierre : *« Que penses-tu de moi ? » « Comment me vois-tu ? » « Que penses tu de moi ? »* La manière dont Pierre percevait Christ était très importante pour le futur ministère de Pierre. C'est la raison pour laquelle le Seigneur demanda à Pierre ce qu'il pensait.

> **...Et vous, leur dit-il, qui dites-vous que je suis ?**
>
> **Matthieu 16 : 15**

Pierre donna l'une des plus importantes réponses de sa vie. Il répondit : *« Je vois en toi un homme de Dieu ; un serviteur de Dieu. »*

Il poursuivit : *« Je te considère comme une personne que Dieu a envoyée dans ma vie. Je te considère comme mon libérateur et mon sauveur ! »*

> **Simon Pierre répondit : Tu es le Christ, le Fils du Dieu vivant.**
>
> **Matthieu 16 : 16**

Intéressant n'est-ce pas ? Même si vous échangez avec un homme de Dieu depuis longtemps, vous pouvez encore le recevoir comme un vase de Dieu oint !

C'est ce que les habitants de la ville natale de Jésus ne purent pas faire. Jésus alla prêcher le même type de message dans son pays. Il y alla avec la même onction et les mêmes dons spirituels. Mais la première réaction des gens fut de poser des questions sur ses origines.

> **N'est-ce pas le charpentier, le fils de Marie, le frère de Jacques, de Joses, de Jude et de Simon ? Et ses sœurs**

ne sont-elles pas ici parmi nous ? Et il était pour eux une occasion de chute.

Marc 6 : 3

Vous devriez entendre parler les gens. Cet homme a-t-il fait des études ? Est ce qu'il vient de la bonne famille ? A-t-il le bon accent ? Au fait, quel âge a-t-il ? De quelle tribu est-il ? Est-il grand ? De quoi a-t-il l'air ? Quelle est sa personnalité ? Est-il colérique ou flegmatique ?

Une femme peut elle le faire ?

J'ai entendu dire que le pasteur est une femme ! Est-ce qu'une femme peut livrer la marchandise ? Une femme ne sera certainement jamais aussi ointe qu'un homme ! S'il vous plaît, arrêtez tout de suite ! Comme on dit au Ghana, « *Arrêtez de raconter des sottises !* »

Le ministre le plus oint dont j'aie jamais entendu parler était *une femme*. Elle s'appelait Kathryn Kuhlman. Une très forte onction de guérison reposait sur la vie de cette femme (bien qu'elle ne fût pas un homme !).

Si le sexe du ministre est si important pour vous, vous risquez de passer à côté d'une grande partie de la bénédiction de Dieu. Il se peut que Dieu veuille vous bénir à travers une femme.

La principale différence entre un homme et une femme se trouve dans les gènes. Les femmes ont des chromosomes XX, et les hommes, des chromosomes XY. C'est une très petite différence. Pourquoi ce petit gène qui se trouve à l'intérieur devrait-il vous empêcher de recevoir quelque chose qui changera votre vie ?

Ne permettez jamais à ces éléments humains d'influencer la manière dont vous percevez les serviteurs de Dieu. Ils ne feront que vous empêcher de recevoir l'onction.

Ce que vous devez réaliser, c'est que devant Dieu, nous sommes semblables à des grains de poussière. Nous ne sommes pas importants devant lui. Il n'est pas impressionné par nos préférences humaines et **n'a aucune intention de nous impressionner.** Si vous êtes trop difficile, Dieu vous dépassera et donnera son onction à une personne humble qui peut recevoir.

Qui sait, peut-être qu'un jour, Dieu vous utilisera pour faire le ministère à d'autres. Pourquoi une personne devrait-elle recevoir d'un simple être humain comme vous, si vous n'êtes pas prêt à recevoir de quelqu'un d'autre ?

Faites tomber toutes les barrières maintenant ! Ouvrez-vous à l'Esprit de Dieu ! Recevez l'onction de Dieu alors qu'il vous bénit à travers des vases humains spéciaux ! Ne laissez pas l'âge, le sexe, la personnalité, la couleur, la tribu, les origines familiales, le parcours éducationnel ou même les rumeurs vous empêcher de recevoir l'onction !

Votre vie ne sera plus la même lorsque les obstacles à l'onction auront été ôtés ! Ces obstacles se trouvent dans votre tête ! Ce sont des obstacles psychologiques qui vous empêchent de recevoir le don de Dieu. Humiliez-vous dès maintenant et recevez un transfert d'onction à travers un vase humain ! Après tout, vous n'avez pas le choix. C'est ainsi que se transmet l'onction !

Les livres de

Dag Heward-Mills

1. Loyauté et déloyauté
2. Loyauté et déloyauté - Ceux qui vous accuse
3. Loyauté et déloyauté - Ceux qui sont des fils dangereux
4. Loyauté et déloyauté - Ceux qui sont ignorant
5. Loyauté et déloyauté - Ceux qui oublient
6. Loyauté et déloyauté - Ceux qui vous quittent
7. Loyauté et déloyauté - Ceux qui prétendent
8. La croissance de l'Eglise
9. L'implantation de l'Eglise
10. La méga église (2ème Edition)
11. Recevoir l'onction
12. Etapes menant à l'onction
13. Les douces influences de l'onction
14. Amplifiez votre ministère par les miracles et les manifestations du Saint Esprit
15. Transformer votre ministère pastoral
16. L'art d'être berger
17. L'art de leadership (3ème Edition)
18. L'art de suivre
19. L'art de ministère
20. L'art d'entendre (2ème Edition)
21. Perdre, Souffrir, Sacrifier et Mourir
22. Ce que signifie devenir berger
23. Les dix principales erreurs que font les pasteurs
24. Car on donnera à celui qui a et à celui qui n'a pas on ôtera même ce qu'il a
25. Pourquoi les chrétiens qui ne paient pas la dime deviennent pauvres et comment les chrétiens qui paient la dime peuvent devenir riches.
26. La puissance du sang
27. Anagkazo
28. Dites-leur
29. Comment naître de nouveau et éviter l'enfer
30. Nombreux sont appelés
31. Dangers spirituels
32. La Rétrogradation
33. Nommez-le! Réclamez-le ! Prenez-le !
34. Les démons et comment les affronter
35. Comment prier
36. Formule pour l'humilité
37. Ma fille, tu peux y arriver
38. Comprendre le temps de recueillement
39. Ethique ministérielle (2ème Edition)
40. Laikos

www.ingramcontent.com/pod-product-compliance
Lightning Source LLC
LaVergne TN
LVHW010543100826
845148LV00013B/2586

* 9 7 8 9 9 8 8 8 5 5 0 8 6 *